축구,
받고
전진하는
절대
기술

가자마 야히로 지음 | **이지호** 옮김 | **조세민** 감수

머리말

진정한 축구 기술은 어떻게 만들어지는가?

이 책은 '멈추기', '차기', '받기', '운반하기', '떼어내기', '보기·안 보기' 등 여섯 가지 축구 기술에 대해 살펴보고 그 기준을 세움으로써 경기를 보는 눈을 키우고 훈련의 목적을 명확히 하기 위하여 집필하였다. 지금까지 필자가 쓴 책《축구의 멈추기·차기 절대 기술》을 읽었던 독자라면 이러한 작업이 얼마나 중요한지 이미 알고 있으리라 생각한다. 이번 책에서는 그 기술 중 '받기'를 중심으로 이야기하려 한다. 먼저 '받기'가 무엇인지에 관해 이야기하고, 그것을 얼마나 정확히 연속적으로 할 수 있어야 하는지 그 기준을 설명할 것이다. 공을 '받는' 기술이 있다면 그 선수의 장점은 더욱 선명하게 부각될 것이다. 부디 '받는' 기술을 잘 익혀서 어떤 위치에 있든, 상대와 어떻게 대치하고 있든 제대로 대응할 수 있는 시야와 실력을 키우길 바란다.

한 가지 분명히 짚고 넘어가야 할 것이 있다. 앞서 언급한 여섯 가지 축구 기술은 결코 하나하나가 독자적으로 이루어지는 것이 아니라는 점이다. 공을 받는 선수의 기술이 아무리 능숙하더라도 패스를 보내야 할 선수가 공을 제대로 멈춰 놓고 차지 못한다면 패스할 '타이밍'을 잡기가 어렵다. 마찬가지로 공을 정확히 멈춰 놓고 찰 줄 아는 선수가 있더라도 공을 제대로 받지 못한다면 자유로운 상태의 선수를 발견하지 못한다. 이처럼 축구 기술의 여섯 가지 요소를 따로따로 생각하는 것이 아니라 하나의 동작으로서 이해하고 실행할 수 있어야 비로소 진정한 기술로 완성될 수 있다.

축구에서는 공을 보내는 선수에게서 받는 선수에게로, 받는 선수에게서 보내는 선수에게로 연결하는 것뿐만 아니라 공을 '보지 않는' 동안 필요한 다음 동작을 찾아내 다음에 할 플레이를 미리 결정해 놓는 것, 그리고 항상 정확하게 공을 다루는 것 등 모든 플레이를 연속적으로 실행하는 것이 중요하다. 그런 기술을 몸에 익히려면 역시 이 모든 기술을 의식하면서 반복적으로 연습하는 것만이 최선일 것이다. 연습량을 늘려 기량의 질을 높이는 것이다. 이 책에 나오는 축구 기술 하나하나를 확실히 연결하여 실행할 수 있도록 익혀서 여러분의 무기로 만들어 실제 경기에서 유용하게 활용하기를 바란다.

가자마 야히로

감수자의 말

이 책《축구, 받고 전진하는 절대 기술》의 감수를 맡으며, 축구 교육 현장에서 아이들과 함께 땀 흘려온 시간이 자연스럽게 떠올랐다.

내가 아이들에게 늘 강조하는 세 가지 습관이 있다. 바로 "운동, 독서, 글쓰기"이다. 이 세 가지는 축구뿐 아니라, 어떤 분야에서든 목표한 것을 이루는 데 꼭 필요한 최고의 무기라고 생각한다.

프로 축구선수라는 꿈을 향해 달려가는 우리 아이들은 훈련을 통해 '운동'의 중요성을 체득하고, 축구 책을 읽으며 '독서'의 습관을 들이며, 고된 훈련을 일지로 남기며 '글쓰기'를 배워야 한다.

이번 책을 감수하면서, 기술적인 내용 그 이상으로 일본 축구 문화가 부럽다는 생각이 처음으로 들었다. 앞서 언급한 이 세 가지 무기가 일본 축구 문화 속에는 자연스럽게 녹아 있었기 때문이다.

한국 축구도 '운동'에 있어서만큼은 일본 못지않은 열정을 가지고 있다. 하지만 이제는 그 열정을 바탕으로, '독서'와 '글쓰기'를 통해 축구를 더 깊이 이해하고 표현하는 문화로 확장시켜야 할 때이다.

이 책의 저자 가자마 야히로가 펴낸《축구, 받고 전진하는 절대 기술》과 이전에 출간한《축구의 멈추기 차기 절대 기술》은 한국 축구가 '생각하는 축구'로 나아가는 데 소중한 길잡이가 되어 줄 것이다.

조세민

CONTENTS

머리말…2
감수자의 말…4

CHAPTER 1 여섯 가지 축구 기술

LESSON 1 '받기'란 무엇인가?…8
LESSON 2 여섯 가지 축구 기술은 모두 연결되어 있다…12

CHAPTER 2 '멈추기'란 무엇인가?

LESSON 3 공을 정지시킨다…18
LESSON 4 골대를 향해서 '멈춘다'…21

CHAPTER 3 '차기'란 무엇인가?

LESSON 5 점에서 점으로 찬다…30
LESSON 6 '살아 있는 공' '의도가 있는 공'을 찬다…37

CHAPTER 4 '운반하기'란 무엇인가?

LESSON 7 가고 싶은 곳으로 가장 짧고 가장 빠르게 운반한다…40

CHAPTER 5 '받기'란 무엇인가?

LESSON 8 기준을 정한다…48
LESSON 9 자유로운 상태란 무엇인가?…50
LESSON 10 '받기'의 훈련 방법…56

CONTENTS

CHAPTER 6 '떼어내기'란 무엇인가?

- **LESSON 11** 상대 팀 선수가 장소다…60
- **LESSON 12** 움직이게 하고 반대로 움직인다…62
- **LESSON 13** 멈추게 하고 거리를 벌린다 / 움직이게 하고 멈춘다…68
- **LESSON 14** '받기'의 파괴력…70

CHAPTER 7 '보기·안 보기'란 무엇인가?

- **LESSON 15** 언제 볼 것인가?…72
- **LESSON 16** 가장 먼 곳부터 본다 / 가장 빠른 것부터 본다…75

CHAPTER 8 초일류의 6대 기술 실천 사례

- **LESSON 17** 초일류의 '멈추기'…78
- **LESSON 18** 초일류의 '차기'…79
- **LESSON 19** 초일류의 '운반하기'…80
- **LESSON 20** 초일류의 '받기'…81
- **LESSON 21** 초일류의 '떼어내기'…82
- **LESSON 22** 초일류의 '보기·안 보기'…83

CHAPTER 9 스페셜 대담 - 모리야스 하지메(일본 대표팀 감독) × 가자마 야히로

세계를 제패하기 위해
필요한 기술과 전략…85

후기…102

CHAPTER

여섯 가지 축구 기술

'멈추기'를 하지 못하면 '차기'는 할 수 없다.
'멈추기'와 '차기' 기술이 없으면 '받기'도 잘되지 않는다.
그리고 '받기'는 '운반하기'로 직결된다.
'멈추기', '차기', '받기', '운반하기', '떼어내기', '보기·안 보기'라는
여섯 가지 축구 기술은 모두 서로 밀접하게 연결되어 있다.

LESSON 1
'받기'란 무엇인가?

공과 자신을 끊임없이 연결시킨다

— 이번의 메인 테마는 '받기'입니다. 먼저 '받기'가 무엇인지 가르쳐 주십시오.

가자마 ① 공과 자신을 연결시킨다, ② 공과 자신 사이에 아무도 없게 한다, ③ 전방으로 선을 연결한다. 이 세 가지입니다.

— 먼저, ① '공과 자신을 연결시킨다'는 이미지를 떠올리기는 어렵지 않습니다[그림 1-1]. 그런데 ② '공과 자신 사이에 아무도 없게 한다'는 것은 상대 팀 선수뿐만 아니라 동료도 들어오지 못하게 한다는 의미인가요?

그림1-1 공과 자신을 연결한다

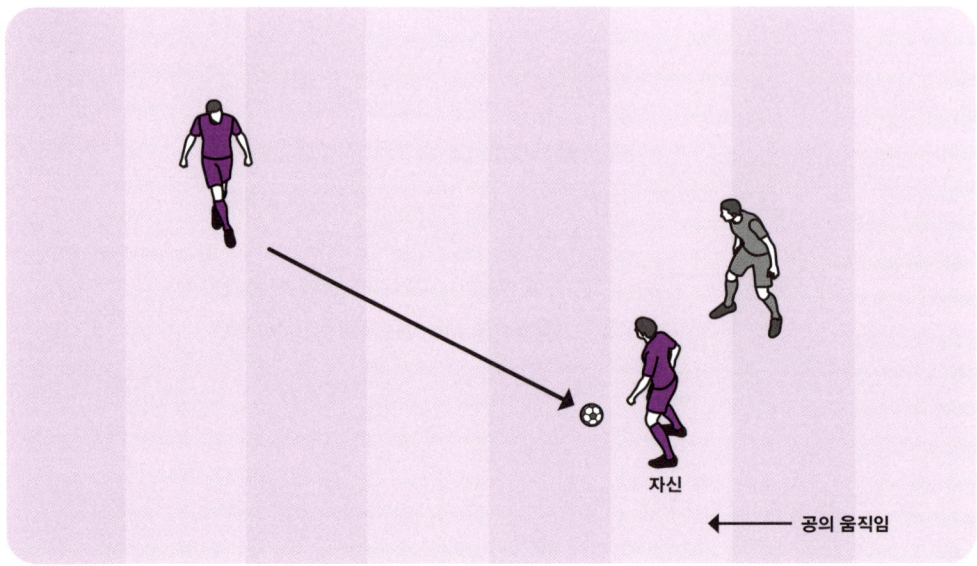

공을 소유하고 있는 동료와 자신을 연결한다

가자마 그렇습니다. 공과 자신 사이에 상대 팀 선수가 있으면 당연히 패스가 연결되지 않 겠지요[그림 1-2]. 그리고 동료가 있어도 자신에게는 패스가 오지 않습니다[그림 1-3]. 하나의 패스 코스에 두 명이 있으면 패스 코스 하나를 손해 보게 되므로 자신이 움직여서 다른 패스 코스를 만드는 편이 좋습니다.

— '공과 자신을 연결시키기' 위해서는 '공과 자신 사이에 아무도 없게' 해야 한다는 뜻이군요.
③ '전방으로 선을 연결한다'는 전방으로 연결하는 패스 코스를 만든다는 의미인가요?

가자마 골대에 가까워지려면 전방으로 패스를 해야 하니까요. 물론 옆이나 뒤로 패스하 는 경우도 있지만, 가급적이면 전방으로 패스하는 것이 좋습니다. 가령 공을 소유 하고 있는 선수의 전방에 동료가 **다섯 명 있다면, 그 다섯 명 모두가 패스를 받을 수 있도 록 하는 것이 이상적**입니다. 그중 가장 좋다고 생각하는 패스 코스를 선택하는 것이 지요[그림 2].

그림1-2 공과 자신 사이에 아무도 없게 한다 1

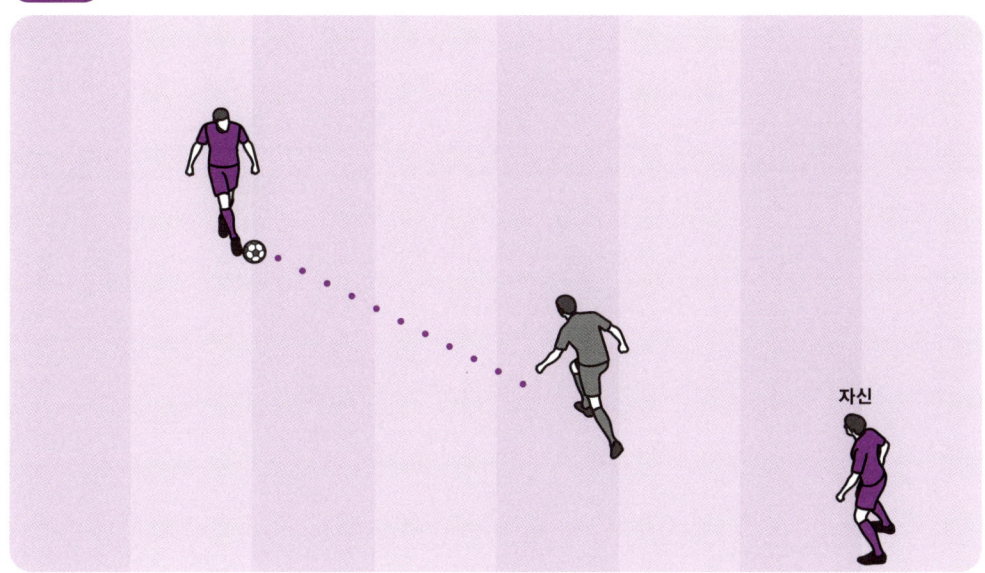

공을 소유하고 있는 동료와 자신 사이에 상대 팀 선수가 있으면 패스는 연결되지 못한다

— '전방으로 선을 연결'하려면 아무래도 공을 소유한 선수가 상대 팀의 골대 방향을 향하고 있어야겠네요.

가자마 '받기'는 '멈추기', '차기', '운반하기' 등과 관계가 있습니다. 공을 멈췄을 때 몸이 옆이나 뒤를 향하고 있으면 전방으로 패스하기가 어렵습니다. 간단히 말하면, **배꼽을 골대 방향으로 향하는 것이 중요**하지요. 옆을 향하고 있더라도 전방에 있는 다섯 명 중 두 명 정도에게는 패스 코스를 만들 수 있을지 모르지만, 다섯 명 모두에게 '선을 연결하는' 것은 무리니까요.

그림1-3 **공과 자신 사이에 아무도 없게 한다 2**

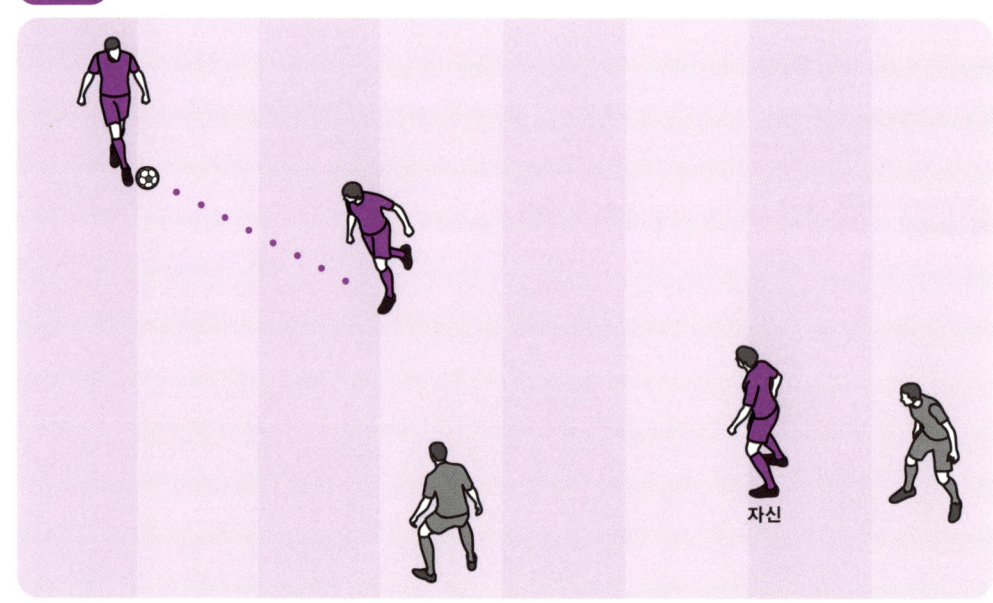

공을 소유하고 있는 동료와 자신 사이에 '다른 동료'가 있어도 자신에게는 패스가 오지 않는다

POINT

공과 자신 사이에 상대는 물론 동료도 없게 할 것. 그리고 계속 전방으로 선을 연결해 나간다.

그림2 이상적인 패스 코스

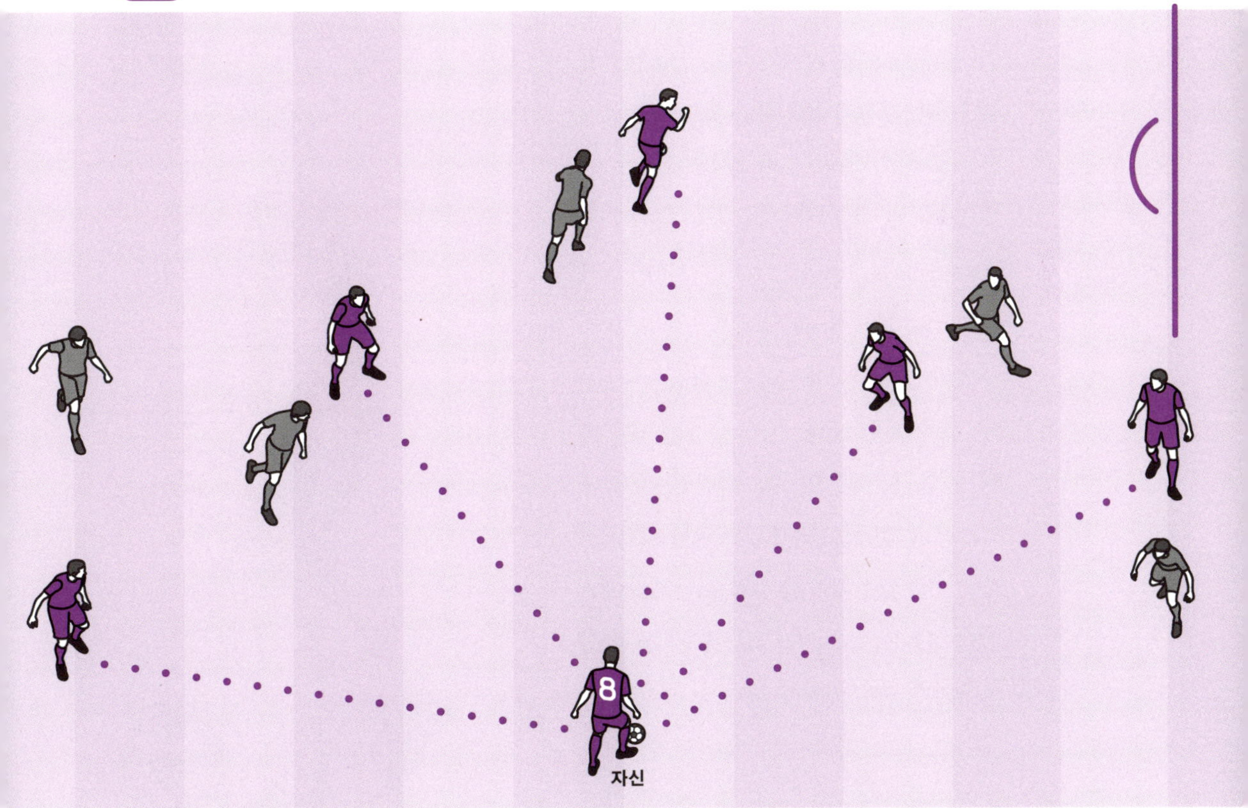

공을 소유하고 있는 선수의 전방에 동료가 다섯 명 있는 경우, 다섯 명 모두가 패스를 받을 수 있도록 하는 것이 이상적이다

LESSON 2
여섯 가지 축구 기술은 모두 연결되어 있다

언제 '받을'지는 상대가 가르쳐 준다

— 패스를 받는 쪽은 어떤 타이밍에 '선을 연결'해야 할까요?

가자마   완전히 자유로운 상태라면 움직일 필요도 없겠지만, 경기에서 그런 상황은 거의 일어나지 않지요. 다만 패스가 오는 순간에 자유로운 상태가 된다면 공을 받을 수 있습니다. 아마도 그 순간이 '언제'인지 묻는 질문 같은데, 그건 **공을 소유하고 있는 동료가 공을 찰 수 있는 순간**입니다. 그 타이밍에 '공과 자신 사이에 아무도 없게' 하면 되지요. 즉 수비수의 역방향으로 움직인다든가 수비수가 멈춰 있다면 거리를 벌리는 방법이 있습니다. 이때 전제 조건이 있습니다. 공을 소유하고 있는 동료가 확실히 '멈추기'를 할 수 있어야 한다는 점입니다. 공을 **'멈추면', 다시 말해 공을 정지시키면 고개를 들고 주위를 살펴볼 수 있습니다. 또한 공을 '멈춘다'는 건 즉시 플레이할 수 있는 위치에 공이 있다**는 의미도 담겨 있지요. 요컨대 '멈추기'가 제대로 안 되었다면 '차기'로 이어지지 못합니다[그림 3].

—— '멈추기', '차기', '운반하기'는 '받기'의 전제로서 서로 연결되어 있는 거군요.

가자마 '멈추기', '차기', '운반하기', '받기', '떼어내기', '보기·안 보기'의 여섯 가지 기술은 서로 별개의 동작이 아니라 밀접하게 연관되어 있습니다. 질문하신 '받는' 타이밍에 관해서 답하자면, '멈추기'가 없으면 공을 받을 선수는 언제 선을 연결해야 할지 타이밍을 알 수 없습니다. 하지만 **'멈추기'가 제대로 되었다면 공이 정지한 상태니까 패스를 보내는 선수는 공을 계속 보고 있을 필요가 없습니다. 따라서 공을 받을 선수를 볼 수 있을 것이고, 상대 팀 선수도 그 이상으로 잘 볼 수 있게 될 겁니다.** 패스를 받을 선수와 상대 수비수가 어떤 상황인지 보면서 패스할 수 있게 된다는 말입니다. **패스를 받는**

> **그림 3** '선을 연결하는' 타이밍

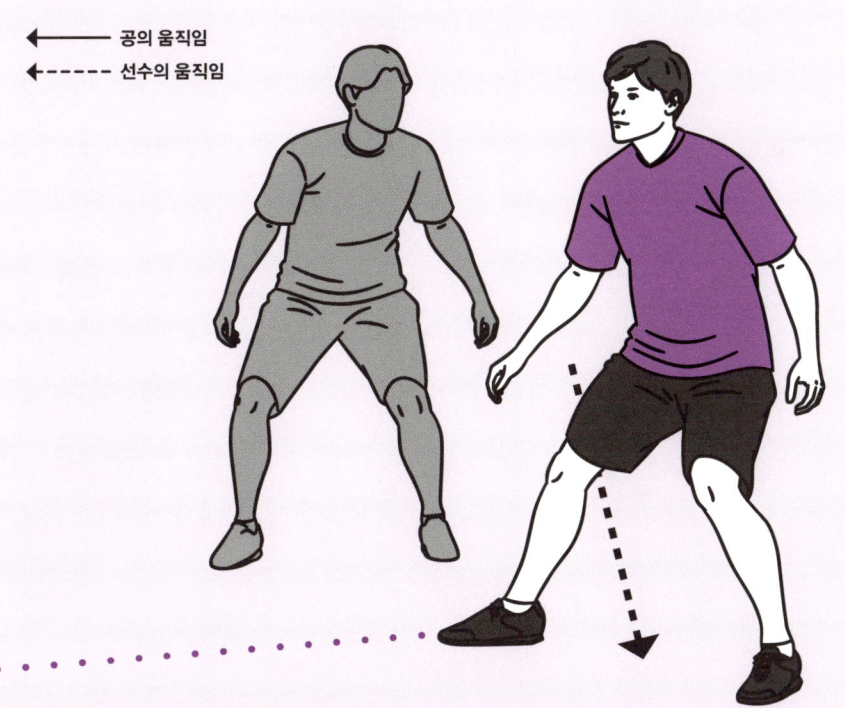

패스를 받는 선수는 패스를 보내는 선수가 공을 멈추고 찰 수 있는 순간에 공을 받을 수 있도록 '선을 연결'한다. 패스를 보내는 선수가 공을 확실히 멈추지 못하면 선을 연결할 타이밍을 잡기가 어렵다

선수도 공이 오기 전까지는 패스를 보내는 선수가 아니라 상대 팀 선수를 관찰하면 됩니다. '보기·안 보기'라는 관점에서 말하자면, 공이 움직이는 동안은 상대나 동료를 보는 시간입니다. 공을 볼 필요가 없는 시간을 사용해서 다음 목적을 정해 놓습니다. **패스를 언제 할지, 언제 받을지는 상대 팀 선수가 가르쳐 주니까** 그 타이밍에 공을 '받거나' 패스를 하면 됩니다[그림 4].

여섯 가지 기술에 관해서는 순서대로 설명하겠지만, 각 요소가 서로 관련되어 있다는 걸 기억해 두시기 바랍니다.

그림 4 '보기·안 보기'와 '받기'

공을 멈추는 순간에만 공을 본다

※ 공이 움직이는 동안에는 공을 보지 않는다

공이 아니라 상대 팀 선수를 본다

패스를 받는 선수는 패스를 보내는 선수가 공을 받기 전까지 상대 팀 선수를 관찰한다. 패스를 보내는 선수는 공을 멈췄다면 상대 팀 선수와 동료의 상황을 유심히 살피고 패스를 보낸다. 언제 무엇을 볼지 틀리지 않는 것이 중요하다

축구 실력을 향상시키는 가자마 어록 1

"공은 친구다."

아직 축구 소년이었던 시절, 공을 차고 있으면 두려움도 괴로움도 슬픔도 외로움도 모두 잊을 수 있었다. 공 하나만 있으면 모든 고민이 해결되는 느낌을 받은 뒤부터는 더더욱 축구공을 떼어 놓을 수 없었다. 공은 솔직하다. 잘 다루는 사람이 하는 말을 들어 준다. 그러니 공을 우습게 생각하지 마라. 기술을 우습게 생각하지 마라. 이 말을 마음속에 새기며 플레이해 왔다.

CHAPTER 2

'멈추기'란 무엇인가?

'멈추기'는 모든 기술의 전제다.
다른 기술을 아무리 열심히 갈고닦더라도
그 기반이 되는 '멈추기'를
하지 못한다면 의미가 없다.
개인과 팀 모두 '멈추기'란 무엇인지
그 정의를 공유하는 것이 중요하다.

LESSON 3
공을 정지시킨다

공의 점을 발의 점으로 '터치한다'

— '멈추기'가 무엇인지 가르쳐 주십시오.

가자마 ① 한 번의 터치로 공을 정지시킨다, ② 자신의 위치에 공을 정지시킨다, ③ 골대를 향해서 정지시킨다. 이 세 가지입니다.

— 공을 정지시킨다는 것은 말 그대로 공을 정지시키는 것이겠지요? 공이 회전하고 있거나 조금이라도 구르고 있다면 정지라고는 말할 수 없으니까요.

그림5 공을 정지시킨다

정지시킬 때의 포인트

공 윗부분의 점을 엄지발가락 밑동의 뼈가 튀어나온 부분의 점으로 터치만 한다

가자마 플레이를 하다 보면 살짝 공이 움직이는 경우도 있겠지만, **최고의 상태를 추구한다면 완전히 정지시켜야 합니다.** 평소에 훈련할 때부터 공을 정지시키는 것을 계속 의식하다 보면 어느덧 의식하지 않고도 할 수 있게 될 겁니다.

— 공을 정지시키기 위한 포인트는 무엇일까요?

가자마 공의 윗부분을 터치하는 것입니다. 저는 엄지발가락 밑동의 뼈가 튀어나온 부분으로 터치하는데, 어떤 점으로 터치하느냐는 개인에 따라 달라도 상관없습니다.

— **공 윗부분의 중앙을 터치하면 공은 회전하지도 않고 움직이지도 않지만,** 반대로 그 점을 올바르게 터치하지 않으면 공에 움직임이 생기지요[그림 5].

가자마 점을 점으로 터치해야 합니다. 이때 말 그대로 '터치'만 해야 하지요. 발을 뒤로

✗ 공이 '멈추지 않은' 사례

공에 회전이 걸렸거나 움직이고 있다면 공이 '멈춘' 상태가 아니다

뺀다든가 발목을 움직인다든가 하는 쓸데없는 동작은 필요 없습니다. **공의 점을 발의 점으로 터치만 하는 것**이 중요합니다.

'자신의 위치'는 어디인가?

— 그런데 '자신의 위치'는 이해하기가 조금 어렵습니다. "자신의 위치에 공을 정지시킨다."라고 말씀하셨는데, 공을 정지시키는 방법은 명확하지만 '자신의 위치'는 정확히 어디인지 이 말만으로는 알 수가 없네요.

가자마 자신의 위치라는 것은 가장 멀리, 가장 강하게 찰 수 있는 위치를 뜻합니다. 나아가 가장 빠르게 공을 운반할 수 있는 위치이지요.

— 가자마 씨께서 자주 말씀하시는, 무엇이든 할 수 있는 위치이군요.

가자마 다만 자신의 위치가 어디인지는 사람에 따라 미묘하게 다르기 때문에 그곳이 어디인지 찾아내야 합니다. **대략적인 위치는 쓰는 발의 앞**이지만, 정확히 어느 정도 앞인가는 개인차가 있습니다. 사람마다 공을 차는 방식이 다르기 때문이지요. 공을 '차기' 위한 위치가 어디인지 찾아내는 방법에 관해서는 뒤에서 한 가지 예를 소개(챕터 3의 30페이지 참조)하겠지만, 자신의 위치는 스스로 찾아내야 합니다.

축구 실력을 향상시키는 가자마 어록 2

"상대가 몇 명인지는 중요하지 않다."

가령 페널티 에어리어 안에 스무 명이 있다 해도 '멈추기·차기'를 제대로 한다면 자유로운 상태가 될 수 있다. 무엇이든 할 수 있는 장소에 공을 멈출 수 있다면 상대가 1미터 거리에 있더라도 달려들지 못한다. 어떤 상태가 자유로운 상태인지 팀원들과 공유하는 것이 중요하다.

LESSON 4
골대를 향해서 '정지시킨다'

180도 턴을 할 때 발을 움직이는 법

— '골대를 향해서 정지시키기' 위해서는 공을 멈춘 뒤에 몸의 방향을 조정할 필요가 있겠네요.

가자마 **공을 정지시켰다면 상대 팀 골대를 향했을 때 공이 자신의 위치에 있도록 몸의 방향도 조정**해야 하는데, 그러려면 먼저 자신의 위치가 어디인지 알고 있어야 하지요.

— 자신의 위치를 파악했다고 가정했을 때 가장 어려운 것은 방향을 180도 바꿔야 하는 경우일 텐데, 그때 발을 어떻게 움직여야 할지 가르쳐 주십시오.

가자마 먼저 공을 터치한 발을 그대로 공의 반대편에 내려놓습니다. 그리고 다른 쪽 발을 자신의 위치에 내려놓습니다. **방향을 180도 바꾸기 위해서 필요한 것은 이 한 걸음 반이 전부입니다.**[그림 6]

— 실제로 가자마 씨가 시범을 보여주셨는데, 굉장히 부드럽게 방향을 바꿀 수 있네요. 휙 하고 180도 방향을 바꿨습니다. 공을 멈춘 발을 공의 측면을 따라가듯이 매끄럽게 이동시켜서 공의 반대편에 내려놓았는데, 공에 대한 감각이 없으면 쉽지 않은 움직임이라는 느낌을 받았습니다.

가자마 그보다 먼저, 공이 정지해 있지 않다면 어렵지요.

— 그렇겠네요. 공이 조금이라도 움직이고 있다면 도중에 발이 공에 닿아 버릴 것 같습니다.

가자마 이 동작을 완벽하게 할 수 있는 사람은 프로 선수 중에도 거의 없지요. 가르치고는 있지만 아직도 제가 가장 잘합니다(웃음). 다만 세계 정상급 선수 몇 명은 완벽하게 구사하지요. 사실 제대로 하지 못하는 사람이 대부분인 이유는 능력이 없어서라기보다 그저 방법을 몰라서입니다. 방법만 알고 있으면 완벽하게는 하지 못하더라도 앞을 향하는 속도는 빨라지지요.

그림6
180도 턴

 1 공을 멈춘다

2 공을 터치한 발을 공의 반대편에 내려놓는다

CHAPTER 2

ZOOM

오른발의 발끝을 공의 반대편으로 미끄러지듯 이동시켜서 몸의 방향을 바꾼다

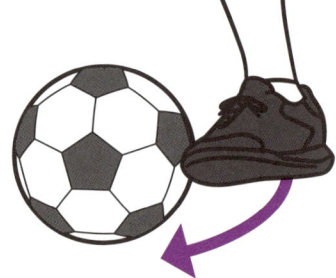

③ 그 발을 축으로 삼아서 회전

④ 다른 쪽 발을 자신의 위치에 내려놓는다

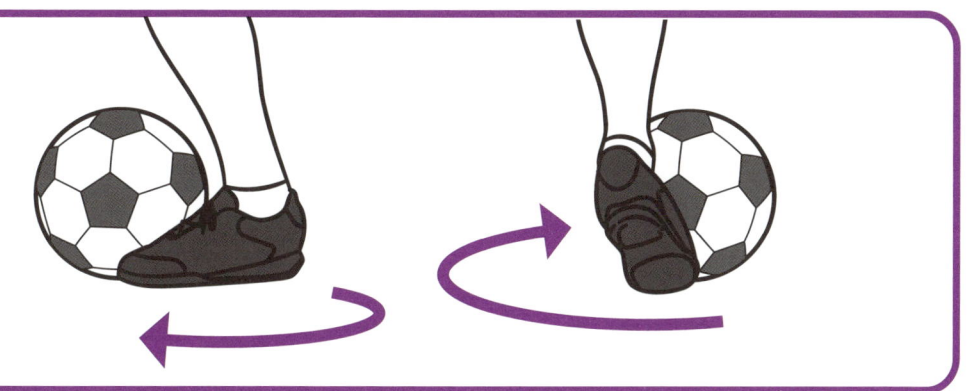

장소를 이용하지 않고 공을 멈추면 차이가 생긴다

— 저도 해 봤는데, 움직이면서 하면 빙글 돌 때 흔들린다고 해야 하나, 움직이는 방향으로 몸이 끌려가는 느낌을 받았습니다. **프로 경기를 봐도 공을 정지시키는 것이 아니라 공과 함께 후방으로 내려가는 경우가 많더군요.**

가자마 그렇습니다. 3미터, 혹은 5미터나 후방으로 내려가기도 하지요. 그렇게 되면 그만큼의 공간이 필요해집니다. 하지만 **공을 정지시키고 앞을 향하면 그 공간만으로 충분하지요.** 이 방법을 선수들에게 가르쳐주면, 설령 다소 동작이 미숙하거나 움직임에 군더더기가 있을지언정 방향을 바꾸기 위해 후방으로 내려가는 일은 없어집니다.

— 공을 발의 인사이드에 붙인 채로 턴하는 방법도 자주 보는데, 이쪽이 더 빠르지 않을까 생각도 합니다만….

그림7 턴의 차이

〇 의 예 / 공을 멈추고 그 자리에서 턴

✕ 의 예 / 공과 함께 움직이면서 턴

가자마 앞을 향하는 시간 자체는 차이가 없을지도 모릅니다. 하지만 공과 함께 움직이면 계속 공을 보고 있어야 하기 때문에 그동안 주위를 둘러볼 수 없습니다. 반면에 **공을 정지시켜 놓으면 더는 공을 볼 필요가 없으니까 방향을 바꾸면서 주위를 둘러볼 수 있지요. 공을 발에 붙이면서 턴을 하면 그 사이에 '사각지대'가 생겨 버립니다.** 공도 자신의 위치에 정지한 상태가 아니기 때문에 다음 플레이까지의 시간과 정확성에서 차이가 생기지요. 주위에 아무도 없다면 어떤 방법으로 공을 멈추든 상관없습니다. 하지만 조금이라도 공간을 덜 사용하는 것이 좋은 상황에서는 차이가 생깁니다. **공을 발에 붙이고 하는 180도 턴은 저희가 종종 말하는 '멈추기도 아니고 운반하는 것도 아닌' 것이 됩니다**[그림 7의 ×의 예].

— '골대를 향해서 정지시킨다'는 이것이 된다면 '받기'의 타이밍을 공유할 수 있어서 '가장 짧고 가장 빠르게'를 실현하기 위한 핵심이 되겠군요[그림 8].

축구 실력을 향상시키는 가자마 어록 3

"상대의 접촉을 허용하지 마라."

피지컬은 빠르게 달린다거나 힘이 강한 것이 아니라 생각한 대로 몸을 움직일 수 있는 것을 말한다. 머리, 몸, 공을 정확히 컨트롤할 수 있다면 상대와 몸이 부딪힐 일은 거의 없다. 축구는 격투기가 아니라 구기다. 언제부터인가 상대와 몸을 부딪치는 것이 전제가 되면서, 좀 더 자유로운 상태가 될 수 있는 선수도 공을 경합하는 일에 자주 휘말린다는 느낌을 받는다.

그림 8 공을 멈추고 앞을 향한다 (좋은 예와 나쁜 예)

○ 한 번의 터치로 앞을 향한다

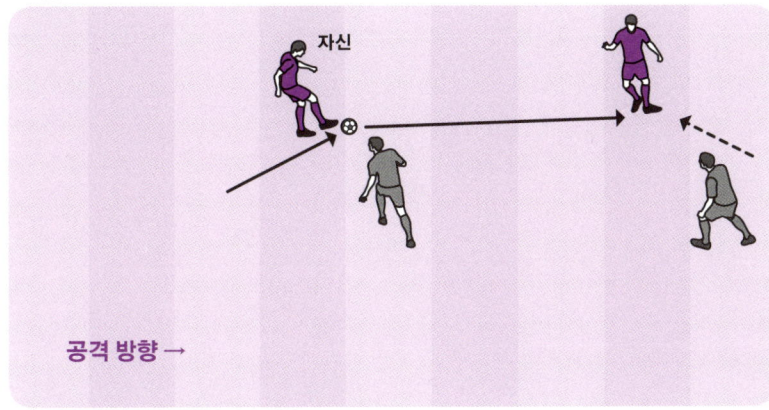

공격 방향 →

한 번의 터치로 앞을 향하면 '수비수가 달려들지 못한다'. 동료는 공을 '받기' 위한 '지금'이라는 시간을 만들 수 있다

✕ 옆을 향한 채로 공을 멈춘다

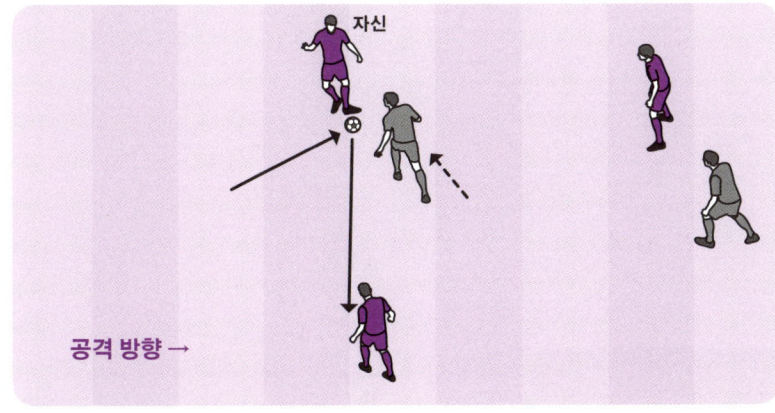

공격 방향 →

옆을 향한 채로 공을 멈추면 세로 패스의 코스가 없어진다. 몸의 방향이나 패스 코스가 한정되기 때문에 상대 팀의 수비수가 접근하기 용이해진다

✕ 뒤를 향한 채로 공을 멈춘다

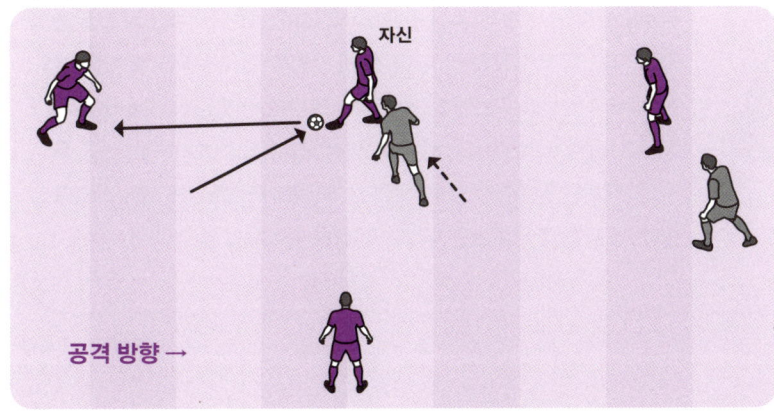

공격 방향 →

뒤를 향한 채로 공을 멈추면 세로 패스와 가로 패스의 코스가 없어진다. 상대 팀 수비수의 접근을 허용할 가능성이 커진다

CHAPTER 2

축구 실력을 향상시키는 가자마 어록 4

"팀에 대해서는 생각하지 마라."

정말로 뛰어난 선수가 자유롭게 플레이하면 보는 재미도 있고 팀도 강해진다. 반대로 말하면, 나는 '팀의 승리를 위해 플레이하는 축구'는 시키지 않는다. 그것으로 충분하다고 생각하면 팀의 그늘에 숨는 선수가 생기기 때문이다. 모두가 돋보이면서 팀이 승리하는 것이 최고다. 뛰어난 선수가 100퍼센트, 120퍼센트의 힘을 낸다면, 그것이 팀에 더 도움이 되고 관중에게도 더 많은 즐거움을 줄 것이다.

CHAPTER 3

'차기'란 무엇인가?

정확히 '차기' 위해서는
자신의 위치를 찾아내는 것이 중요하다.
점에서 점으로 차는 것을 의식하면
정확성은 더욱 상승한다.
살아 있는 공, 의도가 있는 공을
찰 수 있도록 하자.

그림 9 강하게 공을 찰 수 있는 장소를 찾아내는
(=공을 멈출 장소를 찾아내는) 방법

디딤발의 위치를 결정했다면,
그 발은 움직이지 않으면서 공을 찬다

① 디딤발로 버티고,
차는 발의 무릎을 들어 올린다

② 균형을 유지하면서
차는 발을 뒤로 뺀다

③ 디딤발은 그대로 움직이지 않으면서
몸 전체를 사용해서 찬다

이렇게 해서 가장 멀리, 가장 강하게
찰 수 있는 장소(공의 위치)를 찾아 나간다

① 차는 발의 무릎을
들어 올린다

② 차는 발을
뒤로 뺀다

LESSON 5
점에서 점으로 찬다

가장 멀리, 가장 강하게 찰 수 있는 장소를 찾는다

── 정확히 '차려면' 먼저 '자신의 위치'가 어디인지를 알아야 하는데, 좋은 방법이 없을까요?

가자마 어떤 기술이든 마찬가지겠지만 반복하면서 직접 찾아내는 수밖에 없습니다. 다만, **노스텝으로 강하게 공을 찰 수 있는 장소가 어디인지 찾아내면 된다**고 생각합니다. 먼저, 그곳이라 생각한 장소에 디딤발을 둡니다. 오른발로 찬다면 왼발을 어디에 둘지 결정하는 것이지요. 디딤발의 위치를 결정했다면 그 발은 움직이지 않은 채로 공을 차 봅니다. 먼저 차는 발의 무릎을 들어 올린 다음 뒤로 빼서 찹니다. 디딤발은 그대로 움직이지 않습니다. 균형을 유지할 수 있도록 몸 전체를 사용해서 차야 합니다. 이렇게 하면서 가장 멀리, 가장 강하게 찰 수 있는 장소를 찾아 나가는 것이지요[그림 9].

자신에게 맞는 '차기' 위한 장소를 알면 공을 멈출 때 자신의 장소도 알 수 있겠네요. 그 장소에 공을 정지시킬 수 있을 때 비로소 완전한 '멈추기'가 되는 거로군요. 그러면 이제 '차기'의 포인트를 가르쳐 주십시오.

❸ 몸 전체를 사용해서 찬다

| 가자마 | **'점에서 점으로 차는'** 것이 중요합니다.
| — | 가령 패스를 한다면 막연하게 '사람'이라든가 '공간'이 아니라 '점'에 공을 보내야 한다는 의미인가요?
| 가자마 | 핸드볼이나 농구에서는 공간에 패스하는 경우가 거의 없습니다. 축구의 경우도 **'오른발'이라든가 '왼발의 발꿈치' 같이 목표를 좀 더 명확히 하고 공을 보내는 편이 정확도도 향상되고 가장 빠르지요. 공간 패스를 하면 동료가 공을 쫓아가기까지 시간이 걸리는데, 그동안은 아직 누구의 공도 아닌 상태입니다.** 물론 동료가 먼저 도착할 수 있는 위치에 공을 차지만, 동료가 도착하기까지는 아무런 변화도 일어나지 않기 때문에 수비하는 쪽은 다음 전개에 대비해서 움직일 수 있습니다. 그래서 공간으로 패스를 하면 플레이가 느려지지요[그림 10].
| — | 공간 패스를 하고 동료가 전력 질주로 공을 쫓아가는 것이 더 빨라 보이는데 말이지요.
| 가자마 | 가령 그 패스가 동료의 오른발이나 가슴 같은 점에 정확히 도달한다면 빠르겠지요. 하지만 공간은 아무도 없는 장소이기 때문에 동료가 그곳으로 가서 공을 확보하기 전까지는 아무것도 만들어낼 수 없습니다. 다른 식으로 표현하면, 누구의 것도 아닌 공에는 사람의 의도가 실려 있지 않습니다. 사람의 의도가 실리기까지는 시간이 걸리지요. 반면에 **사람에게서 사람으로, 점에서 점으로 움직인다면 항상 사람

그림 10 **사람의 의도가 실린 공으로 만든다**

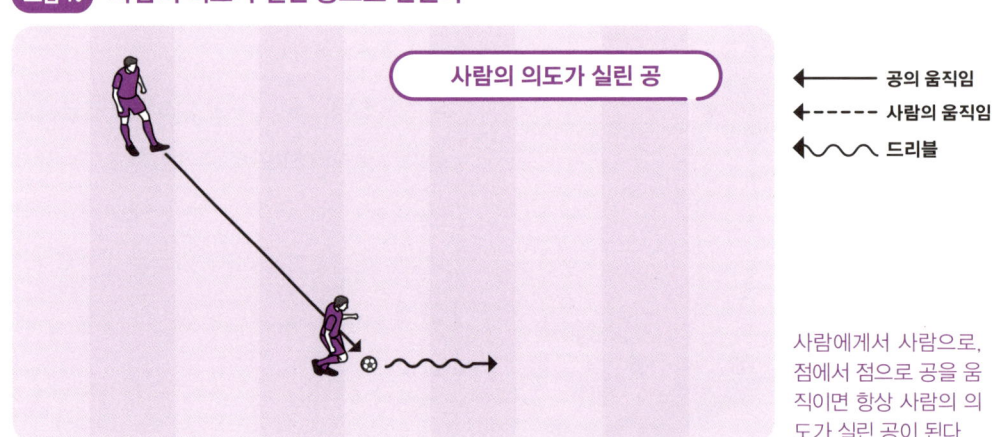

사람에게서 사람으로, 점에서 점으로 공을 움직이면 항상 사람의 의도가 실린 공이 된다

의 의도가 실린 공이 됩니다.
— 그렇군요. 공간으로 찬 공은 수비 측 선수도 그곳으로 달려갈 수 있으니까 어느 쪽이 먼저 공을 따라잡느냐의 경쟁이 됩니다. 하지만 발밑을 향해 패스하면 수비 측은 받은 선수가 어디를 향해 움직일지, 무엇을 할지 새롭게 예측해야 하겠지요. **공이 누구의 것도 아닌 시간을 가급적 만들지 않음으로써 플레이의 공백을 줄여 나간다.** 점에서 점으로 공이 전달될 때마다 공에 사람의 의도가 실리니까 수비 측은 대응하기가 어려워져서 상대적으로 느려질 수밖에 없고, 그만큼 공격은 빨라진다. 이런 말씀이시군요?

가자마 발밑이든 공중이든, 점에서 점으로 차는 것이 골대를 향해 최단 시간에 나아가는 플레이가 되는 겁니다.

점을 의식하면 정확성이 높아진다

— **슛을 연습할 때, "골 포스트에 맞혀라."라고 말하면 갑자기 슛의 정확도가 향상되는 경우가 있습니다.** 그때까지 골대를 크게 벗어나던 공이 그 말을 들은 뒤로는 그렇게 심하게 벗어나지 않더군요. 이것도 점을 의식하면서 공을 차는 효과일까요?

가자마 그렇습니다. 사실은 목표를 엄밀하게 설정할수록 플레이가 더 간단해지지요. 예를 들어 "사람을 맞혀라."라고 지시하기보다 "오른발의 끝을 맞혀라."라고 지시할 때 오히려 패스가 더 정확해집니다.

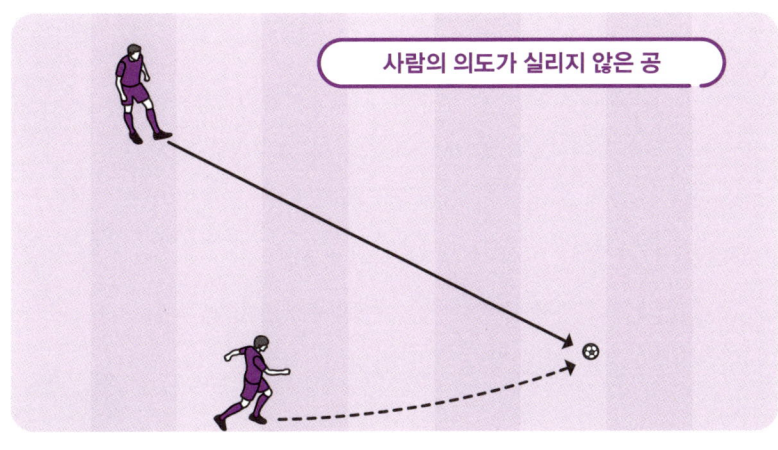

사람의 의도가 실리지 않은 공

공간을 향해 공을 차면 누구의 것도 아닌 시간이 생기기 때문에 사람의 의도가 실리지 않는다

― 표적이 작아지면 더 어려워질 것 같은데, 반대로 표적을 좁히는 편이 설령 빗나가더라도 덜 빗나가게 된다는 거군요.

가자마 맞습니다. 가령 "오른발의 끝"이라는 지시를 말로 들었을 때는 어려워 보이지만, 실제로 해 보면 이쪽이 더 쉽지요. 어디의 '점'을 노리면 되는지 보이지 않으면 패스를 할 수 없기는 하지만요.

― 어디의 '점'을 노려야 할지 순간적으로 찾아내는 게 어려울 것 같기는 합니다.

가자마 가령 **'떼어내기'** 할 때의 움직임으로, 수비수에게 달려든 뒤에 쓱 거리를 벌리는 경우가 있습니다. 그때 발밑으로 패스가 오면 되는데, 패스를 보내는 선수가 잔상을 쫓아가면 실패하기 쉽지요[그림 11].

― 잔상이라고요?

가자마 패스를 보내는 선수가 공을 차기 전에 마지막으로 보는 '그림'은 동료 공격수가 수비수 근처에 있는 모습입니다. 여기에서 거리를 벌릴 것을 예측하고 공을 차야 하는데, 마지막으로 본 '그림'의 잔상을 쫓아서 패스해 버리면 공이 공격수의 발밑에 도달하지 않고 공격수와 수비수 사이를 뚫고 지나가는 상황이 벌어지지요. 그러므로 '오른발의 발꿈치'와 같은 식으로 초점을 좁혀서 차는 편이 좋습니다.

― 마지막으로 본 '그림'의 '발꿈치'를 향해서 공을 차면 공이 도달했을 때는 딱 좋은 위치가 된다는 거군요. 그것이 '점'을 찾아내는 방법이고요.

가자마 뜬 공 패스를 할 때도 역시 패스를 받는 선수의 발밑을 향해 차면 가장 짧고 가장 빠르게 보낼 수 있습니다. 공중의 '점'을 찾아내기는 어렵지만, 예를 들어 '수비수의 머리 위, 아슬아슬하게 머리가 닿지 않을 위치'를 노리면 수비수의 등 뒤에 떨어트려서 동료에게 공을 전달하기가 쉬워지지요. 특별한 공간 인지력은 필요 없습니다[그림 12].

― 그렇군요. 무슨 말씀이신지 이해는 되지만, 그래도 순간적으로 그 '점'에 초점을 맞추는 게 쉬운 일은 아닐 것 같습니다.

| 가자마 | 결국 계속 해 보는 수밖에 없습니다. 짧은 시간에 초점을 좁히려면 '멈추기', '차기', '운반하기', '보기·안 보기' 같은 기술이 전부 갖춰져 있어야 하지요. 반대로 그런 기술들이 갖춰져 있으면 짧다고 생각했던 시간이 짧지 않게 됩니다. **기술이 시간을 만들어내는 것**이지요. |

— '멈추기'를 제대로 하지 못하면 '점'을 찾아내서 차려고 해도 공이 움직이는 바람에 차는 데 시간이 걸려서 그곳이 이미 노려야 할 '점'이 아닌 경우도 생기겠네요.

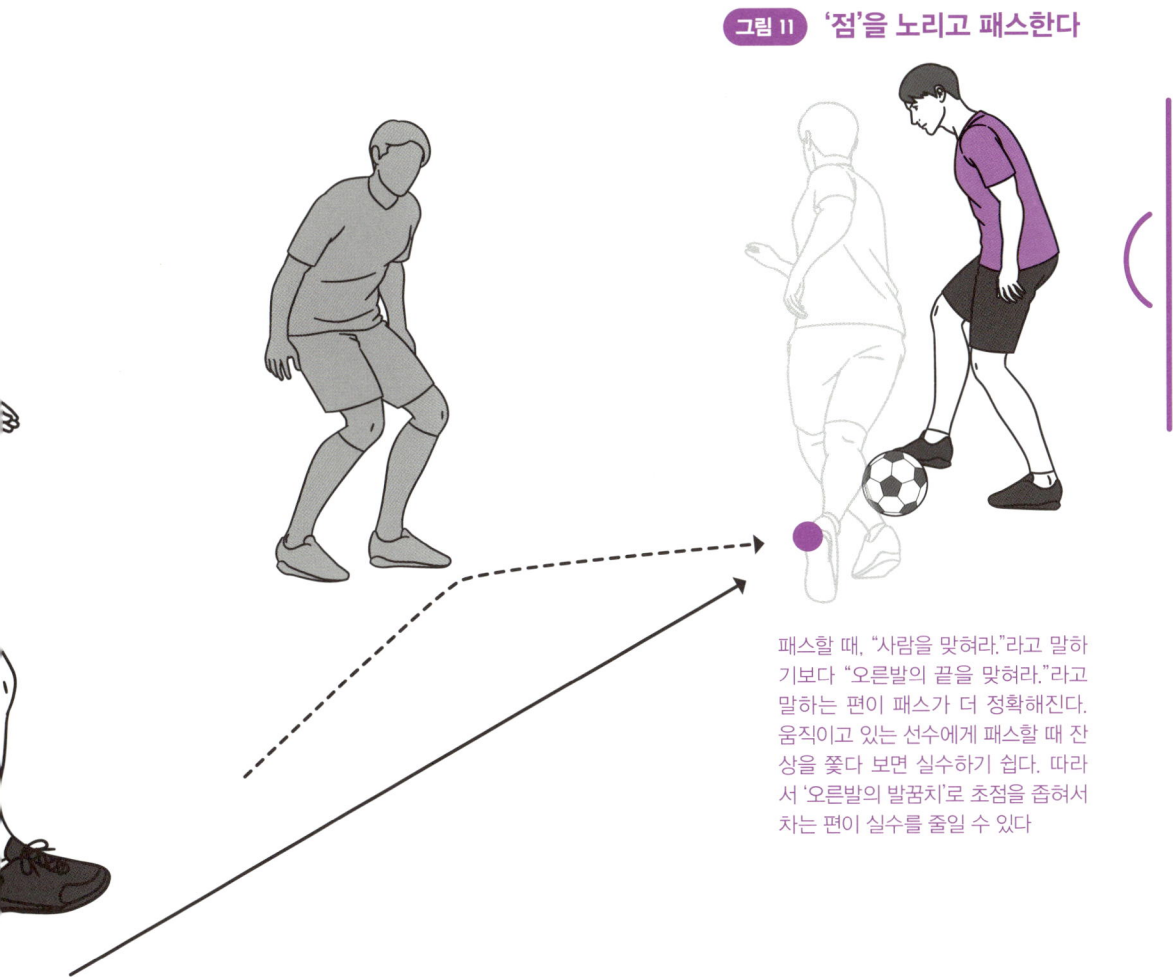

그림 11 '점'을 노리고 패스한다

패스할 때, "사람을 맞혀라."라고 말하기보다 "오른발의 끝을 맞혀라."라고 말하는 편이 패스가 더 정확해진다. 움직이고 있는 선수에게 패스할 때 잔상을 쫓다 보면 실수하기 쉽다. 따라서 '오른발의 발꿈치'로 초점을 좁혀서 차는 편이 실수를 줄일 수 있다

| 가자마 | 그런 것을 알고 있으면 점점 능숙해집니다. '공이 멈추지 않았다', '시간이 너무 걸렸다' 같은 원인을 알고 있으니까요. 더욱 기술을 가다듬어서 **'점'을 노린다는 기준을 높여 나가면 그것이 팀으로서의 '눈'도 되어 가는 겁니다.** |

— '점'을 의식한다면 집중력도 조금은 더 높아질 것 같습니다.

| 가자마 | 상당히 높아집니다. 능숙해지면 재미있으니까 선수들도 더 열심히 연습하게 되지요. 그 덕분에 저희 코치진은 전체 훈련이 끝난 뒤에도 계속 그라운드에 남아 있어야 하지요(웃음). |

그림 12 뜬공을 찰 때도 '점'에서 '점'을 노린다

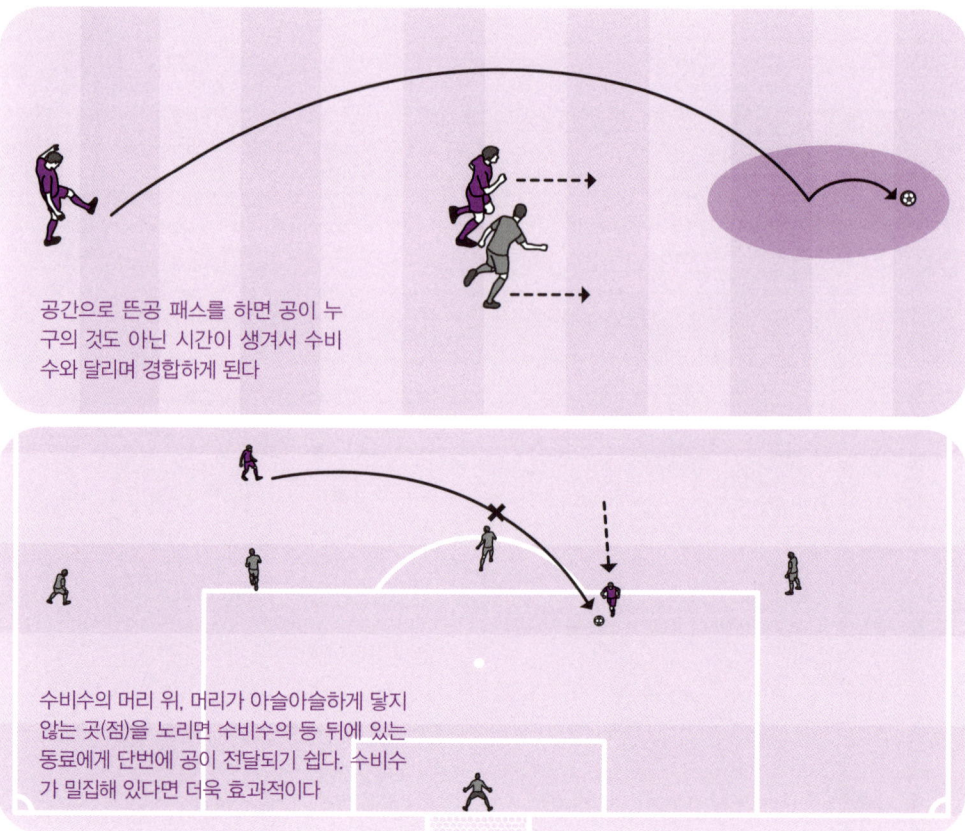

공간으로 뜬공 패스를 하면 공이 누구의 것도 아닌 시간이 생겨서 수비수와 달리며 경합하게 된다

수비수의 머리 위, 머리가 아슬아슬하게 닿지 않는 곳(점)을 노리면 수비수의 등 뒤에 있는 동료에게 단번에 공이 전달되기 쉽다. 수비수가 밀집해 있다면 더욱 효과적이다

LESSON 6
'살아 있는 공', '의도가 있는 공'을 찬다

뻥 하는 소리가 나는 것이 좋은 '차기'의 지표

가자마 '살아 있는 공', '의도가 있는 공'도 '차기'의 포인트입니다.

— '살아 있는 공'이라는 건 무엇인가요?

가자마 자신이 생각한 대로 공을 차는 것인데, 가장 짧고 가장 빠르게 플레이하고 싶다면 공에 힘을 전달해야 하니까 공을 제대로 차는 것이 중요합니다. **쓸데없는 회전이 걸리거나 지면에 통통 바운드된다면 '살아 있는 공'이라고 말할 수 없지요.**

— 원투 패스를 할 때도 최초의 패스를 제대로 차지 않으면 좋은 리턴 패스가 돌아오지 않지요.

가자마 1초 만에 찬 다음에 움직이고 다시 1초 만에 공이 제대로 돌아와야 하는데, 최초의 패스를 할 때 지면에 통통 튀는 공을 차 버린다면 1초 만에 패스가 돌아올 수 없습니다. 그래서 공이 '살아 있지' 않으면 시간이 걸리는 거지요. **'살아 있는 공'이란 쉽게 말하면 정확히 공을 차는 것입니다.**

— 그렇다면 '의도가 있는 공'은 어떤 공인가요?

가자마 '살아 있는 공'과 같은 의미인데, 공에 자신의 의도를 확실히 싣는 것입니다. 가령 5미터의 패스를 0.5초에 보내면 리턴 패스를 받을 수 있지만, 1.5초가 걸린다면 아마도 다음 패스는 오지 못할 것입니다. 가까운 거리에 패스할 때 의외로 공이 튀는 실수를 저지르기 쉽지요. 공을 정확히 차서 매끄럽게 연결할 때 비로소 가장 짧고 가장 빠르게 보낼 수 있습니다.

— 능숙한 선수가 공을 차면 좋은 소리가 납니다.

가자마 분명 그렇습니다. **공을 '멈출' 때는 공을 터치하기만 해서 가급적 소리가 나지 않게 합니다.**

반대로 '찰' 때는 소리가 나게 합니다. 잘못된 위치를 차면 픽이나 퉁 같은 이상한 소리가 나지요. 인프런트로 차든 아웃프런트로 차든 **공의 중심을 맞혀서 제대로 공을 차면 좋은 소리가 나는** 법입니다.

— 뻥 하는 좋은 소리가 나지요. 가령 토니 크로스의 롱패스는 화면으로 봐도 느껴질 만큼 소리도 좋고, 힘을 빼서 차는 것이 보입니다.

가자마 선수들에게는 무조건 **"힘을 빼고 차."라고 지도합니다.** 뭐든지 힘을 빼야 잘됩니다. "빠르게 차, 강하게 차."라고 말하면 힘이 들어가서 몸을 비효율적으로 움직이게 되지요. 인체의 구조는 효율적으로 움직이는 편이 힘을 제대로 사용할 수 있도록 이루어져 있습니다. 그래서 **"힘을 빼고 차.", "천천히 차."**라고 지도하는 편이 더 빠른 공을 찰 수 있게 되는 거지요.

축구 실력을 향상시키는 가자마 어록 5

"남들이 시키는 축구를 하지 마라."

축구는 '남들이 시키니까 하는' 것이 아니라 '내가 능동적으로 하는' 것이다. 최근 들어 "오늘은 어떤 것을 가르쳐 주시나요?" 하고 묻는 아이가 늘어났다는 이야기를 들었다. 원래는 어떤 선수가 되고 싶은지, 어떤 기술을 익히고 싶은지 스스로 바라는 바가 있어서 축구장에 왔을 것이다. 자신이 무엇을 바라는지 알면 그 바람은 이루어진다. 우리 지도자는 선수가 자신의 바람을 이룰 수 있도록 이끌고 있는지 항상 스스로 묻고 답할 자세가 되어 있어야 한다.

CHAPTER 4

'운반하기'란 무엇인가?

아무리 전속력으로 공을 운반하더라도
공과 몸이 하나가 되어 있지 않다면
가장 짧고 가장 빠르게 '운반'하지 못한다.
'정확성'은 곧 '속도'다.
시간을 조종하자.

LESSON 7
가고 싶은 곳으로 가장 짧고 가장 빠르게 운반한다

착지 시간을 짧게 하면서 발을 앞으로 내민다

— '운반하기'의 포인트를 가르쳐 주십시오.

가자마 '가고 싶은 곳, 생각한 곳으로 가장 짧고 가장 빠르게 운반한다', '다음 터치를 통해 무엇이든 할 수 있는 위치로 공을 움직이는 걸 반복한다', '자신의 몸 앞쪽에서 공이 세로 회전을 하게 한다'의 세 가지입니다.

그림 13 운반하기

가장 짧고 가장 빠르게 '운반하기'

다음 터치를 통해 무엇이든 할 수 있는 위치로 공을 움직이는 걸 반복한다. 달리고 있을 때 발의 착지 시간을 최대한 줄인다

— '가장 짧고 가장 빠르게'는 '운반하기'뿐만 아니라 가자마 씨가 말씀하시는 여섯 가지 기술에 공통되는 요소라고 생각하는데, 이는 반대로 말하면 가장 짧고 가장 빠르게 공을 운반하기가 굉장히 어렵다는 의미가 아닌가 싶습니다.

가자마 "상대를 향해서 가라." 하고 지도하는 경우가 종종 있지 않습니까? 하지만 수비수 입장에서는 자신이 있는 곳으로 와 주면 오히려 편합니다. 예를 들어 럭비에서 공을 가진 선수는 자신이 가고 싶은 곳을 향해서 갑니다. 드리블 슛의 경우도 골을 넣었을 때를 생각해 보면 상대를 향해 돌진했을 때보다 피해서 갔을 때가 더 많은 것 같지 않나요? **마치 손에 들고 달리듯이 공과 몸을 컨트롤할 수 있다면 굳이 돌파할 필요가 없습니다. 상대에게 접근하지 않아도 되는 것입니다.**

— '다음 터치를 통해 무엇이든 할 수 있는 위치로 공을 움직인다'는 건 언제라도 찰

수 있고 방향도 바꿀 수 있는 위치에 공을 둔다는 뜻이겠군요.

가자마 공과 몸이 항상 하나가 되어야 합니다. **항상 무엇이든 할 수 있는 위치에 공을 두려면** 달릴 때 발의 착지 시간을 짧게 해야 합니다. 말하자면 물 위를 달리는 이미지이지요[그림 13].

— 발의 착지 시간을 짧게 한다고 해서 물 위를 달릴 수는 없지만(웃음), 어떤 이미지인지는 알겠습니다. 뜨거운 철판 위를 맨발로 달리는 느낌이라고도 할 수 있겠네요.

가자마 착지 시간이 짧을수록 다음 발이 빠르게 앞으로 나갑니다. 참고로, 이렇게 할 수 있다면 공이 없을 때 달리는 속도도 빨라지지요. 쓰쿠바 대학에서 지도할 때, 50미터 정도를 일직선으로 드리블하는 훈련을 종종 했습니다. **최대한 빠르게 일직선으로 나아가게 하고, 다음 터치로 항상 공을 건드리게 했지요.** 그랬더니 공이 점점 앞으로 나

✗ **가장 짧고 가장 빠르게 운반하지 못하는 상태**

전속력으로 달리려고는 하지만 공이 발에서 멀리 떨어져 버렸다. 이래서는 공을 컨트롤할 수 없다

아가는 바람에 발을 빠르게 내밀지 않으면 공을 건드리지 못해 착지 시간이 짧아졌고, 그 결과 공 없이 달릴 때도 빨라지더군요.** 발바닥이 보이지 않는 주법이 된 겁니다.

— 육상 경기의 주법과는 조금 다르군요. 일직선으로 빠르게 달릴 때는 육상의 주법이 더 합리적일 것 같은데요.

가자마 축구에서 공을 '운반할' 때는 공이 몸 아래 있기 때문에 다음 타이밍에서 공을 터치하려고 하면 빠르게 발을 내밀 생각을 먼저 하게 됩니다. 다만 착지 시간이 짧은 편이 좋은 건 육상도 마찬가지입니다.

— 일직선으로 드리블하는 훈련을 하셨다고 말씀하셨는데, 공 없이 일직선으로 달리는 것도 의외로 어렵더군요.

가자마 몸을 어떻게 컨트롤하느냐가 중요합니다. 대부분은 몸이 흔들리기 때문에 빠르게 일직선으로 달리기가 굉장히 어렵습니다. 필드의 라인 위로 공을 운반하는 훈

런도 자주 합니다. 공을 양발로 번갈아 터치하면서 운반하는 훈련도 필요하지요. **발을 빠르게 앞으로 내밀려면 힘을 빼는 것도 중요**합니다.

가장 짧고 가장 빠르게 운반하기 위한 '세로 회전'

— 세 번째 포인트는 '자신의 몸 앞쪽에서 공이 세로 회전을 하게 한다'인데, 비스듬하게 회전하는 경우가 꽤 많더군요.

가자마 그러면 자신이 가고 싶은 곳을 향해 일직선으로 공을 운반하지 못하기 때문에 그만큼 속도가 느려지지요. 대각선 우측으로 가고 싶다면 그 방향으로 세로 회전을 줘야 합니다. 예전에 메시의 영상을 보고 놀랐던 것이, 공의 회전이 대각선이 되는 경우가 거의 없더군요. 공이 비스듬하게 회전하는 영상을 찾기가 훨씬 어려울

그림 14 '운반할' 때의 공의 회전

○ 공에 세로 회전을 주면서 운반한다

발끝(발가락이나 발가락 밑동 근처)으로 터치해 '세로 회전'을 주면서 운반하는 것이 포인트다. 공의 중심으로부터 좌우로 벗어난 곳을 터치하면 비스듬한 회전이 되기 때문에 원하는 대로 공을 컨트롤하기가 어렵다

정도였습니다[그림 14].

— 확실히 그렇습니다. 방향을 바꿀 때도 터치를 한순간에 깔끔하게 해서 진행 방향으로 공이 회전하고 있더군요. 180도 턴하면서 멈추는 순간에는 공이 회전하지 않고 딱 멈추고요. 그러고 보면 마라도나가 공을 빠르게 앞으로 차 넣으면서 돌파할 때도 공이 회전하지 않은 채 앞으로 내던져지는 느낌이었습니다.

가자마 마라도나는 몸이 작지만 보폭이 굉장히 큽니다. 지금과는 시대도 다르다 보니 공을 몸으로부터 상당히 떨어트렸지요. 수비수는 자신이 먼저 공을 건드릴 수 있을 거라 생각하고 달려들지만, 마라도나는 보폭이 커서 먼저 공에 도달하지요. 지금이라면 그렇게 공을 몸에서 멀리 떨어트리지 않고 플레이했겠지만, 어쨌든 **메시와 마라도나는 공의 한가운데를 정확히 터치합니다.**

— 게다가 공을 보지도 않고 그렇게 하니까요. '세로 회전'을 주려면 공의 중앙을 터

치해야 하는군요.

가자마 공 중앙의 위 아니면 아래를 터치해야 합니다. 공의 중심선을 터치하는 것이지요.

── 발의 어떤 부분으로 공을 터치해야 하나요?

가자마 거의 발끝 부분입니다. 발가락이나 발가락 밑동 근처이지요. 발의 어디로 터치하느냐는 개인차가 있지만, 공의 중심선을 터치하는 것은 동일합니다. 공의 한가운데를 계속 터치해야 합니다.

── 어떻게 하면 메시처럼 계속 세로 회전을 줄 수 있을까요?

가자마 계속 해 보는 수밖에 없습니다. 많이 해 봐야 하지요. 다만, 무작정 연습하면 된다기보다는 이론을 알고 하는 게 중요합니다. 무엇이 불필요한 움직임이고 무엇이 올바른 움직임인지 인식하고 있다면 합리적인 노력을 할 수 있지요.

 비스듬한 회전이 되지 않게 한다

공을 비스듬하게 회전시키면 자신이 가려고 하는 곳을 향해 똑바로 공이 구르지 않아서 가장 짧고 가장 빠르게 운반하지 못한다

CHAPTER 5

'받기'란 무엇인가?

자유로운 상태란 무엇인지
'언제' 공을 받아야 할지에 대한
팀의 보는 눈이 일치할 때
비로소 원활한 '받기'가 가능해진다.
공과 자신을 계속 연결하는 것만으로
상대를 무너트릴 수도 있다.

LESSON 8
기준을 정한다

'타이밍'을 공유해 보는 눈을 일치시킨다

— 드디어 **이 책의 메인 테마인 '받기'입니다. 가자마 씨에서 포인트로 든 것은 '공과 자신을 연결한다', '공과 자신 사이에 아무도 없게 한다', '전방으로 선을 연결한다'**(그림 2 다시 게재)**의 세 가지였습니다.** 이 세 가지 포인트를 아시안컵에서 일본 대표팀의 사례로 살펴 보자면, 이란 대표팀의 압박에 좀처럼 뜻대로 공을 전진시키지 못했던 것도 '받기'에 문제가 있었기 때문일까요?

가자마 솔직히 이란의 압박이 그렇게 강했다는 생각은 들지 않았습니다.

— 경기 후에 모리타 히데마사 선수가 빌드업과 관련해서 "조금 더 짜임새가 필요하다."라는 취지로 말했더군요. 모리타 선수가 공을 소유했을 때 패스를 받아 줄 선수가 없었던 게 아닌가 싶었습니다.

가자마 빌드업이 잘되지 않았을 때 돌아갈 원점이 필요하지 않았는가 하는 느낌을 받았습니다.

— 대표팀에 공을 운반하기 위한 기준이 없었다는 의미인가요?

가자마 대표팀에는 각자의 소속팀에서 중심 역할을 맡고 있는 선수가 많기 때문에 기준을 좀 더 명확하게 정해 놓을 필요가 있다고 생각합니다.

— 모리타 선수가 언제 고개를 들지 그 타이밍을 알고 있다면 공을 '받기' 위한 타이밍도 알 수 있겠지요….

가자마 공을 '받을' 때의 기준을 세우려면 선수들의 보는 눈이 일치하고 정의가 되어 있어야 합니다. 기준을 정하는 방법은 예를 들면 한 선수가 자신의 타이밍으로 패스하고, 다른 선수도 자신의 타이밍으로 패스합니다. 그렇게 패스를 세 번 연결하면서 **'공과 자신을 연결'하게 하면 누가 올바른지 금방 알 수 있지요.** 기준이 없으면 패스 플레이가 여의치 않을 때 모두 혼란에 빠지지만, 기준이 명확하면 금방 오차를

깨달을 수 있습니다.

— 가령 모리타 선수를 기준으로 삼으면 예를 들어 구보(다케후사) 선수는 선을 연결했는데 미나미노(다쿠미) 선수는 연결하지 않았다는 걸 금방 알 수 있다는 말씀이로군요.

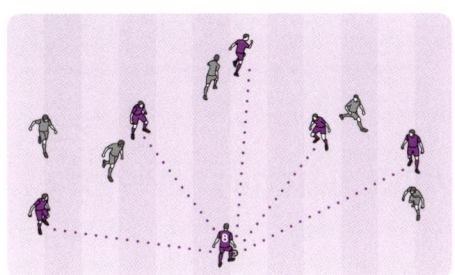

그림 2 전방으로 선을 연결한다

가자마 각자 자신의 타이밍에 맞춰 플레이하면 결국 무엇이 이 팀의 속도인지 알 수 없어서 개개인의 장점이 발휘되지 못합니다. 저는 각각의 선수가 보고 있는 눈에 차이가 있지 않나 하는 느낌을 받았습니다.

— 국가대표팀은 급조한 팀이라 훈련 시간이 한정적입니다. 그런 상황 속에서 기준을 만드는 것은 어쩌면 어려운 일일지도 모르겠습니다.

가자마 어떻게든 각 선수들의 머리와 눈의 타이밍을 명확히 영상으로 보여줄 수 있다면 그 정도 수준의 선수들은 그라운드에 나와서도 맞추는 게 가능하다고 생각합니다.

— 저는 모리타나 엔도에서 다음 선수로 패스가 잘 연결되지 않는다는 인상을 받았습니다. 그 선수들에게 압박이 들어오면 그 배후가 빈다는 생각은 공통적으로 가지고 있었을 텐데요.

가자마 중요한 것은 장소가 아닙니다. 가령 "배후로 들어가라."고 지시하면 선수는 그 장소를 찾을 겁니다. 혹은 "라인 사이에서 공을 받아."라고 지시하기도 하는데, 사실 그런 설명도 필요 없습니다. **공을 받으면, 한 번에 앞으로 향하고, 그 순간 전방과 선이 연결되는 상황을 모두 공유하고 있으면 됩니다.** 라인 사이에서 받으라는 식으로 일일이 지시하면 패턴이 되어 버리지요. 반면에 개인의 기술이나 전술이 몸에 배어 있다면 한 가지 패턴이 아니라 여러 가지 가능성이 생겨납니다. 평소에 철저히 플레이하고 있다면 "확실히 받아라."라는 지시로도 충분하지요.

LESSON 9
'자유로운 상태'란 무엇인가?

가까운 곳에 상대 팀 선수가 있어도 자유로운 상태가 될 수 있다

가자마 자유로운 상태의 정의를 바꿀 필요도 있습니다.

— 전방으로 패스를 연결할 때, 패스를 받을 선수가 완전히 자유로운 상태인 경우는 드뭅니다. **주위에 상대 팀 선수가 아무도 없는 것을 자유로운 상태의 정의로 삼는다면, 그런 상태의 동료에게 패스할 기회가 거의 없는** 셈이지요.

가자마 포인트는 패스를 보내는 선수가 즉시 받는 선수가 되는 것입니다. 패스를 받는 선수가 마크당하고 있더라도 패스를 보낸 뒤에 자신이 즉시 받는 선수가 된다고 생

그림 15 보내고 다가간다

○ 패스를 '보내고 다가간다'

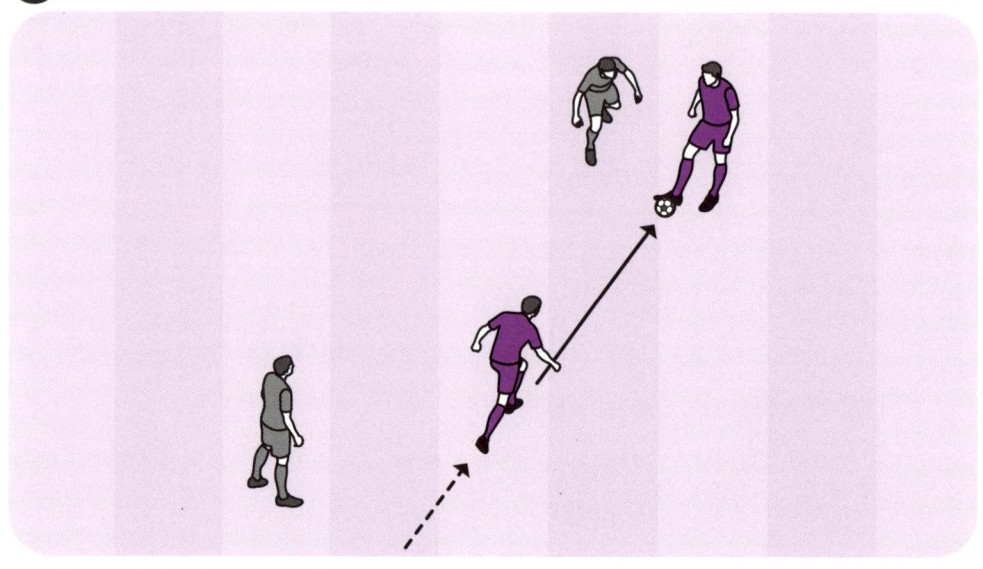

패스를 보낸 선수가 다가가면 선을 계속 연결할 수 있다. 순간적으로 2 대 1이 된다. 이것을 연속적으로 하면 전진할 수 있다

각하면 계속 선을 연결할 수 있지요. 선이 연결되어 있다면 **공을 받는 선수가 상대 팀 선수보다 먼저 공에 닿을 시간과 장소가 있는 '자유로운 상태'**라고 인식할 수 있을 겁니다 [그림 15].

— 패스를 '보내고 다가간다'라는 것이군요.

가자마 '보내고 다가간다' 외에 '보내고 멀어진다'도 있습니다. 밀집 상태에서는 멀어지면 다음 패스를 받을 수 없습니다만… 패스를 보내고 다가가면 선을 계속 연결할 수 있습니다. 그런데 의외로 이것을 못하는 선수가 많습니다. **패스를 보내고 다가가서 선을 계속 연결한다.** 이것을 모든 선수가 연속적으로 하면 전진할 수 있지만, 그걸 잊어버리면 패스가 연결되지 않습니다.

— 일러스트를 그리기 위해 실제로 '받기'를 하는 모습을 봤는데, 상대 팀 선수와의 거리가 생각했던 것보다 상당히 가깝더군요. 그래서 공을 받을 수 있는 상태가 되었다면 **상대와의 거리와 상관없이 '자유로운 상태'**임을 알게 되었습니다. 실제로 그 순간을 놓치지 않고 공이 도달하면 플레이가 가능했는데, 이것이 일반적인 감각

✗ **패스를 보내고 가만히 있는다**

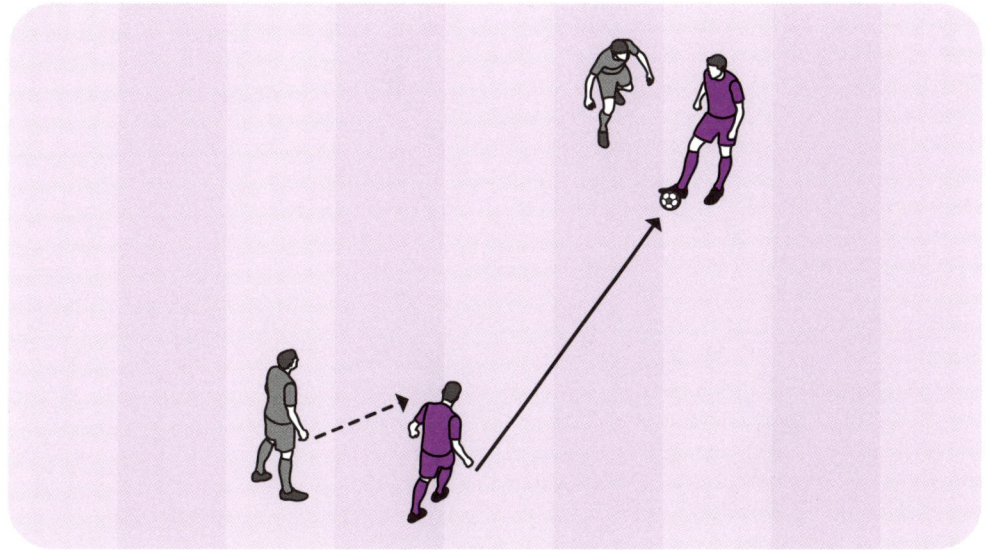

패스를 보낸 선수가 가만히 있으면 패스를 받은 선수는 1 대 1이 될 뿐이다

과는 상당히 다르게 느껴졌습니다. 가자마 씨의 정의에 따르면 '자유로운 상태'이지만, 그 정의가 없다면 '자유로운 상태'라고 느끼지 못할 것 같았습니다.

가자마 패스를 보내는 선수와의 관계도 있습니다. **상대 팀 선수가 어느 한쪽으로 움직이고 있다면 그 순간에는 반대쪽으로 움직이지 못합니다. 그러므로 상대 팀 선수가 움직이는 방향과 반대로 움직인 순간에 패스가 오느냐가 중요하지요. 패스가 온다면 '자유로운 상태'이지만, 늦어지면 고스란히 압박을 받게 됩니다.** 그렇기 때문에 '멈추기', '차기', '운반하기', '보기·안 보기'와 '받기'를 분리해서 생각할 수 없는 것이지요[그림 16].

―― 앞에서 말씀하신 '보내고 다가간다'에 관해서입니다만, 다음 순간에는 받을 수 없지만 다음의 다음이라면 받을 수 있는 경우도 있을 것 같습니다.

가자마 "세 번째 선수의 움직임" 같은 말들을 하지만, '다음의 다음'보다 '다음'에 받을 수 있도록 움직이는 것이 더 중요합니다. 모든 선수가 '다음' 순간에 받으려고 노력해야 하지요.

그림 16 상대 팀 선수의 압박을 받느냐 받지 않느냐

○ 자유로운 상태가 된 순간에 공이 온다

상대 팀 선수가 한쪽 방향으로 움직이고 있을 때는 반대 방향으로 움직이지 못한다. 그러므로 패스를 받을 선수가 그 반대 방향으로 움직인 순간에 패스가 온다면 자유로운 상태에서 공을 받을 수 있다

✗ 상대 팀 선수와 똑같은 방향으로 움직인다

상대 팀 선수와 같은 방향으로 움직이고 있을 때 패스가 오면 압박을 받게 된다

✗ 자유로운 상태가 된 뒤에 뒤늦게 공이 온다

패스를 받을 선수가 반대 방향으로 움직이더라도 패스 타이밍이 늦어지면 상대 팀 선수의 압박을 받게 된다

그림 17 한 번 공을 잡으면 영원히 자유로운 상태가 된다

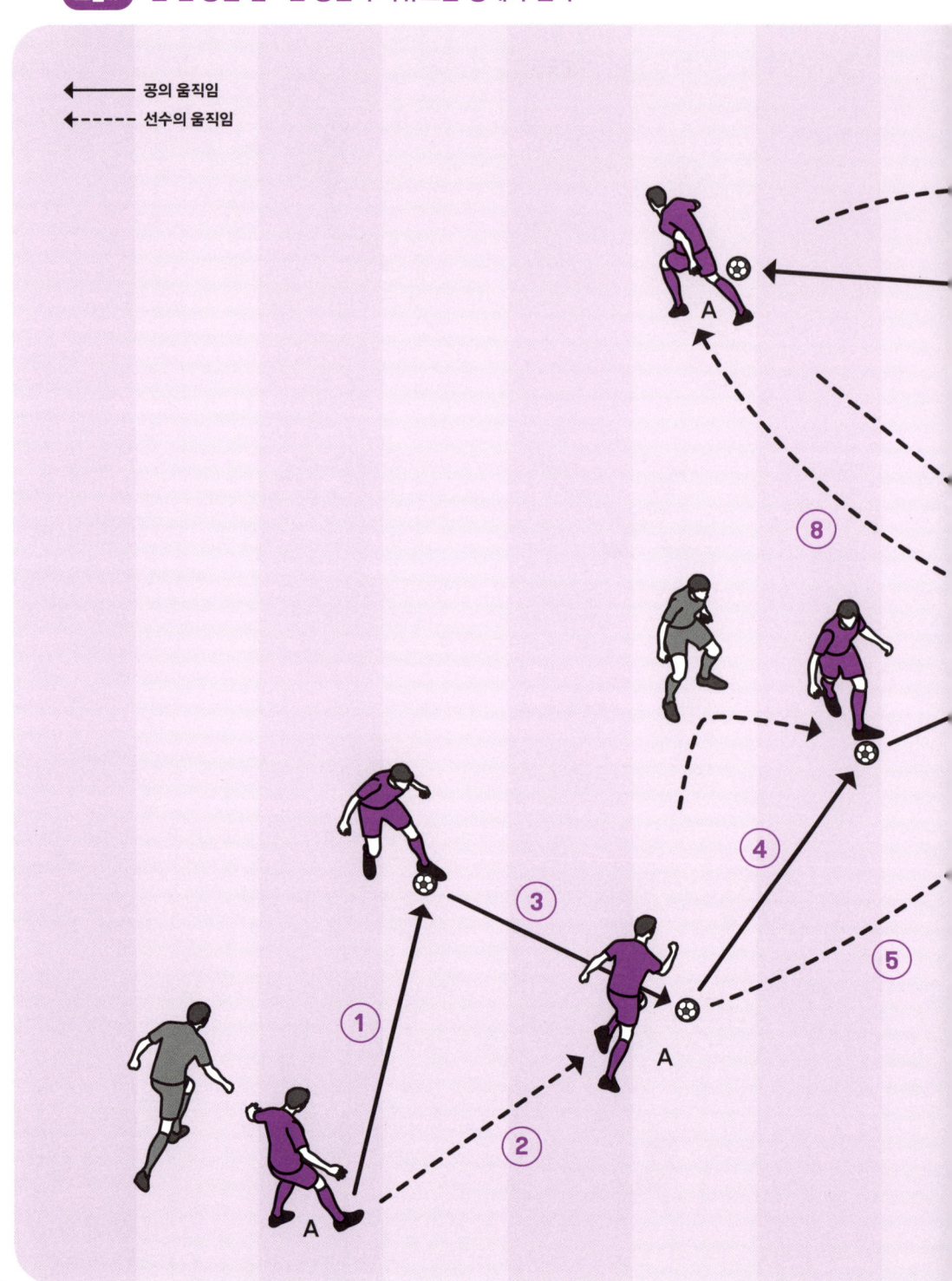

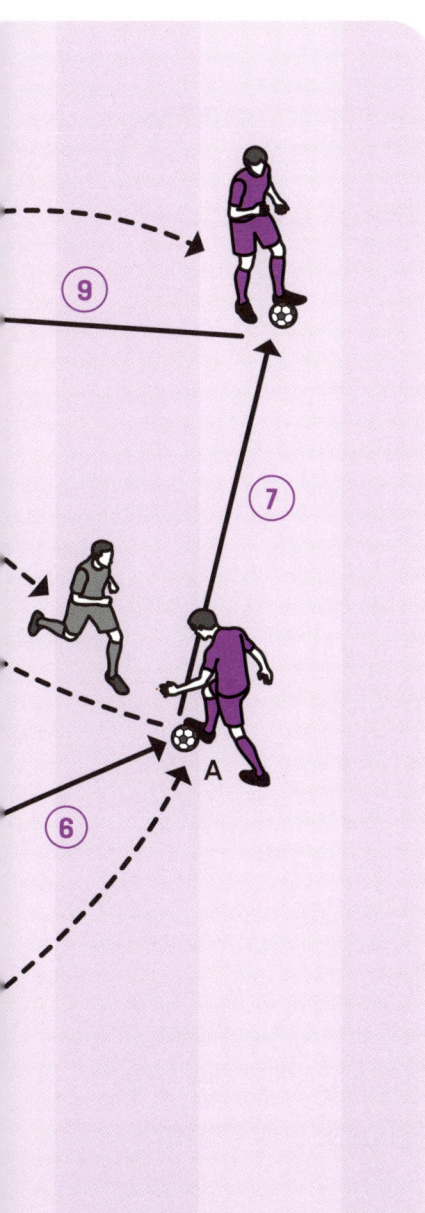

선수(A) 한 명이 '보내고 다가가기'를 통해 패스 라인을 계속 연결하면 줄곧 플러스 1의 수적 우위 상태로 공을 운반할 수 있다

―― '보내고 다가간다', 패스 라인을 계속 연결한다. 만약 그렇게 한다면 줄곧 플러스 1의 수적 우위 상태로 공을 운반할 수 있겠네요.

가자마 그렇습니다. 저는 **"일단 공을 잡았으면 영원히 자유로운 상태가 되라."** 라는 말을 자주 합니다. 말로는 간단하지만, 모두의 머릿속에 그것이 들어 있느냐 아니냐에 따라서 완전히 달라지지요[그림 17].

―― 꽤 오래된 이야기지만, JSL(일본 축구 리그. 1965년부터 1992년까지 존재했던 일본의 축구 리그 - 옮긴이) 시절의 요미우리 클럽(베르디 가와사키의 전신)에서 그런 패스워크를 보여준 기억이 납니다.

가자마 맞습니다. 요나시로 조지와 라모스는 가능했지요. 후지타(후지타 공업 클럽 축구부. 쇼난 벨마레의 전신)의 기술이 뛰어난 선수들도 마찬가지였습니다.

―― 구보와 도안 리쓰도 종종 그렇게 하지요. 다만 단발성에 그치는 경우가 많다는 느낌이 듭니다.

가자마 대표팀 선수들은 모두 기술이 뛰어나니까, '보내고 다가간다'를 제대로 실행한다면 아시아 수준에서는 쉽게 돌파가 가능하리라 생각합니다. '떼어내기' 없이 '받기'만으로도 슛까지 갈 수 있겠지요. 타이밍을 일치시켜서 연결되는 연속성을 높인다면 대표팀은 지금보다 더 높이 올라갈 수 있을 겁니다.

LESSON 10
'받기'의 훈련 방법

패스를 받는 모든 선수가 계속 선을 연결해 나간다

— '받기' 위한 훈련 방법을 가르쳐 주십시오. 얼마 전에 난카쓰 SC에서 프리 시즌에 실시하던 훈련(58페이지 참조)을 저도 실행해 봤는데, 굉장히 힘들더군요(웃음). 물론 할아버지들이 모인 팀이기는 했지만 90초가 한계였습니다. 겉으로 보기에는 쉬울 것 같은데 의외로 체력 소모가 크더군요.

가자마 그 정도면 양호한 편이라고 생각합니다(웃음). 패스를 받는 쪽이 불필요한 움직임이 많으면 체력이 많이 소모되지요. 옛날에는 콘을 상대 팀 선수로 가정하고 훈련했는데, 그렇게 하면 움직임이 변하지 않아서 드리블로 바꿨습니다. 난카쓰에서는 프리 시즌에만 하고 지금은 대인 훈련을 하고 있습니다. 공을 쫓아가 버리면 좀처럼 선이 연결되지 않지요.

— 상대 팀 선수들이 좀비처럼 우글대고 있어서 묘하게 어려웠습니다(웃음). '공을 쫓아가 버리는', 그러니까 공을 보는 바람에 상대 팀 선수를 보면서 '받지' 못하게 되니까 제대로 선을 연결할 수 없었던 것 같습니다.

가자마 훈련은, 극단적으로 말하면 어떤 식으로 해도 됩니다. 8 대 4 패스 돌리기여도 좋고, 7 대 4여도 상관없습니다. **항상 선을 연결하기 위해 공을 소유한 선수는 골대 방향을 향하는 것이 중요하지요. 평소에 아무것도 의식하지 않고 패스를 돌리면 상대로부터 도망치기만 하는 패스가 되는 경향이 있습니다.** 그렇게 해서는 패스를 20번 연결하더라도 공을 돌리는 패스가 될 뿐 상대를 공략하는 패스는 되지 못합니다. **받는 선수 모두가 선을 연결한다는 생각**을 갖지 않으면 숫자상으로는 7 대 4지만 실질적으로는 1 대 4가 되기도 하는 법이지요.

① 공을 잡는 법, ② 공을 받는 쪽이 얼굴을 향하는 방향, ③ 자신을 포함시키기(보내고 다가간다, 움직인다). **이 세 가지를 의식**해야 합니다. 이런 생각이 없다면 단순한 패스 돌리기일 뿐 전방으로 연결하지 못할 겁니다.

― 동료가 공을 '받는' 상태를 만들어 줬을 때 그것을 놓치지 않도록 해야겠네요.

가자마 그러기 위해서는 공을 잡는 법이 중요하지요. 자신의 위치에 공을 멈췄더라도 몸이 옆을 향하고 있다면 전방의 선은 보이지 않습니다. **능숙한 선수라면 시야가 180도 정도는 되지만, 100도 정도여도 괜찮습니다.** 그 정도만 되어도 전방의 선을 못 보는 일은 없으니까요. 여러 개의 선 중 어디로라도 패스할 수 있는 위치에 공을 멈출 수 있느냐가 중요하지요. 자신의 위치에 공이 있다면 정면뿐만 아니라 대각선으로도 즉시 찰 수 있을 겁니다. 패스를 받는 쪽은 선을 계속 연결하고, 패스를 하는 선수는 패스를 한 뒤에 '받는' 쪽이 되어 선을 연결함으로써 패스워크에 자신을 포함시켜야 합니다. 이 점을 파악하고 있다면 어떤 훈련을 하든 상관없습니다.

축구 실력을 향상시키는 가자마 어록 6

"시부야 역에서 만나자고 하지 마라."

가령 도쿄의 시부야에서 만날 약속을 정할 때, "시부야 역에서 만나자."라고 말하기보다 "시부야 역의 하치코 동상 앞에서 만나자." 같은 식으로 명확한 장소를 말하는 편이 좋다. 패스도 마찬가지다. 어디에서 공을 받을 것인지, 좀 더 구체적으로 명확한 장소를 공유하는 것이 중요하다.

'받기'의 훈련 방법
선을 연결하는 훈련

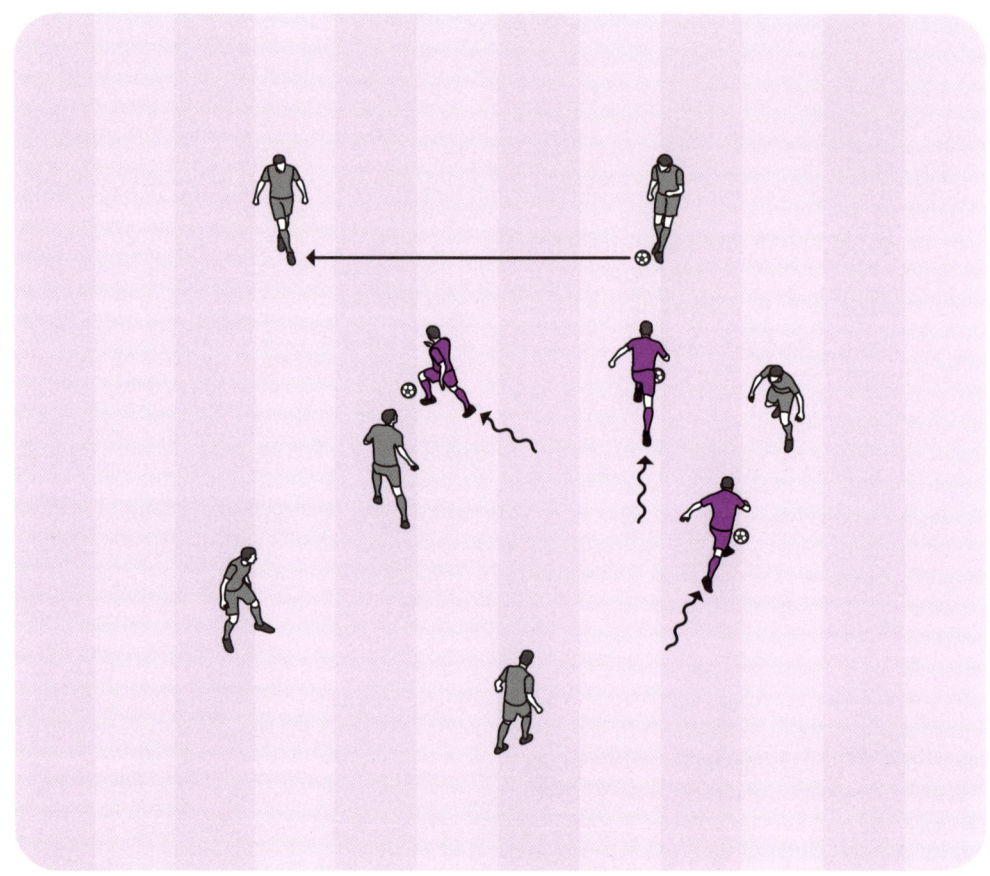

RULE
- 7미터×7미터 정도의 범위 안에서, 공격 측(6명)은 패스를 돌린다. 수비 측(3명)은 드리블을 하면서 공격 측의 공을 쫓아간다. 6 대 3으로 시작해서 인원수를 조정한다. 골대를 정해 놓고 해도 좋다

POINT
- ① 공을 잡는 법, ② 받는 쪽이 얼굴을 향하는 방향, ③ 자신을 포함시키기(보내고 다가간다, 움직인다)를 의식한다
- 공을 받을 선수 모두와 선을 연결한다
- 패스가 원활하게 돌지 않을 때는 골대(공격 방향)를 정하고 공을 소유한 선수에게 골대 방향(전방)을 의식시킨다

CHAPTER 6

'떼어내기'란 무엇인가?

'떼어내기'를 할 수 있다면
축구에 넓은 공간은 필요가 없다.
밀집하기 쉬운 상대의 골대 앞(수비수)을
어떻게 공략할 것인가?
그 답을 알게 될 때 비로소 모든 기술이 가치를 지닌다.
장소로 승부하는 축구와 작별하자.

LESSON 11
상대 팀 선수가 장소다

비어 있는 장소는 상대가 비운 장소다

—— '떼어내기'는 '받기'의 골대 앞 버전이라고 생각하면 될까요?

가자마 그렇습니다. '받기'는 '공'을 받기 위한 기술이고, 떼어내기는 '상대'의 움직임을 역이용하는 기술이지요.

—— '떼어내기'의 포인트는 무엇인가요?

가자마 **'상대 팀 선수가 장소', '움직이게 하고 반대로 움직인다', '멈추게 하고 거리를 벌린다', '움직이게 하고 멈춘다'입니다.**

—— 먼저 '상대 팀 선수가 장소'부터 살펴보겠습니다. 이것은 무슨 의미인가요?

가자마 경기를 하다 보면 '장소'를 찾는 모습을 자주 볼 수 있습니다. 상대가 수비하고 있지 않은 장소를 찾는 것인데, 그런 비어 있는 장소는 대부분 상대가 일부러 비워둔 장소입니다. 요컨대 수비의 우선순위가 낮은 곳이지요. 반대로 **상대가 수비하고 있는 곳은 공략당하고 싶지 않은 장소라는 의미니까, 공격할 때는 오히려 그곳을 노려야 합니다.** 간단히 말해서, 상대를 치울 수 있다면 가장 좋은 장소를 차지할 수 있습니다. 그래서 상대 팀 선수가 있는 곳이 공략해야 할 장소인 것입니다[그림 18].

—— 수비가 심하지 않은 곳으로 공을 운반하면 공을 계속 소유할 수는 있지만 슛까지는 연결되지 않는 경우가 종종 있지요.

가자마 결국 **센터백(CB)을 공략하지 않으면 조직을 무너뜨릴 수 없습니다.**

—— 센터백을 공략하면 골로 연결하기 쉽지만, 문제는 그것이 쉽지 않겠지요. 이를 위한 기술이 '떼어내기'로군요.

가자마 먼저 빈 장소를 찾아내고 시간을 만든 다음, 그곳에서 무엇을 할 수 있을지 모색

하는 공격으로는 단단한 수비를 무너트릴 수 없습니다. 센터백을 공략하라고 말해도 어떻게 해야 할지 떠오르지 않을 겁니다. 어떻게 센터백을 공략해야 할지 답을 갖고 있지 않다면 공을 계속 소유하는 방향으로 가게 될 텐데, 그래서는 답이 없는 채로 공격하는 거나 다름없습니다.

그림 18 상대 팀 선수가 있는 장소가 공략해야 할 장소

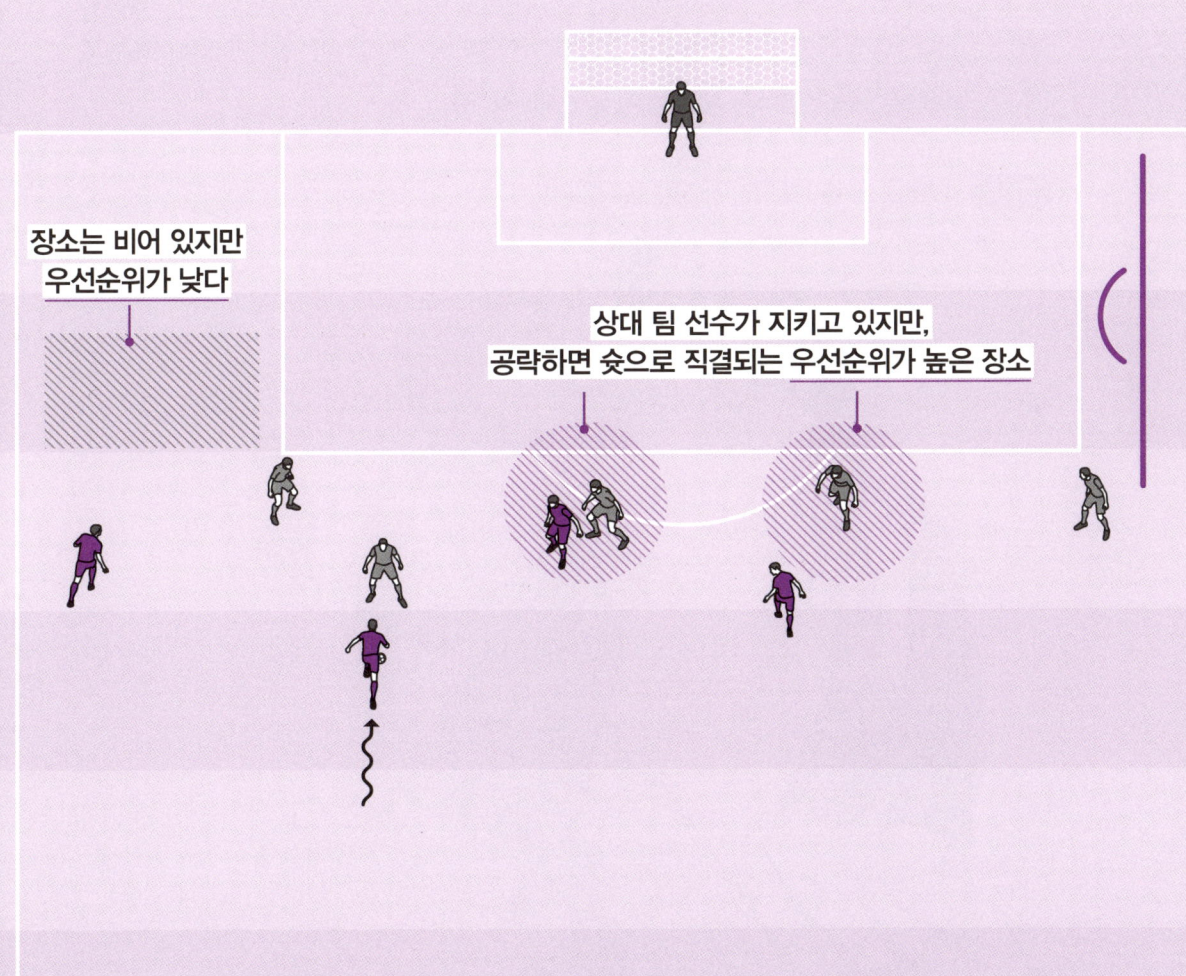

LESSON 12
움직이게 하고 반대로 움직인다

상대가 움직일 수 없는 방향을 만들어낸다

'떼어내기'의 방법으로 '움직이게 하고 반대로 움직인다', '멈추게 하고 거리를 벌린다', '움직이게 하고 멈춘다'가 있다고 말씀하셨는데, 어쨌든 **상대가 있는 곳에서 패스를 받기 때문에 패스가 차단당하지 않게 해야 합니다.**

그림19 상대를 움직이게 하고 반대로 움직인다

❶
수비수를 움직이게 하는 움직임

패스를 받을 선수의 움직임에 반응해서 수비수가 움직이면, 수비수가 움직일 수 없는 방향으로 움직여서 공을 받는다

가자마   **상대의 시야와 몸을 움직이게 하는 것이 열쇠**입니다. 움직이지 못하는 방향, 보이지 않는 방향을 만들어야 하지요. 그리고 이런 '떼어내는' 움직임과 패스의 타이밍이 맞아야 합니다.

> **POINT**
> 수비수가 움직이지 못하는 방향을 만든다. 보이지 않는 방향을 만든다

— '움직이게 하고 반대로 움직인다'는 바로 그 수비수가 움직이지 못하는 방향을 만드는 방법이군요. 가령 오른쪽으로 움직이는 도중에는 왼쪽으로 움직이지 못하니까, 그런 수비수가 움직이지 못하는 방향으로 공을 받을 선수가 먼저 움직이고 그 타이밍에 패스가 오면 상대가 가까이 있더라도 앞을 향한 채로 공을 받을 수 있겠네요[그림 19].

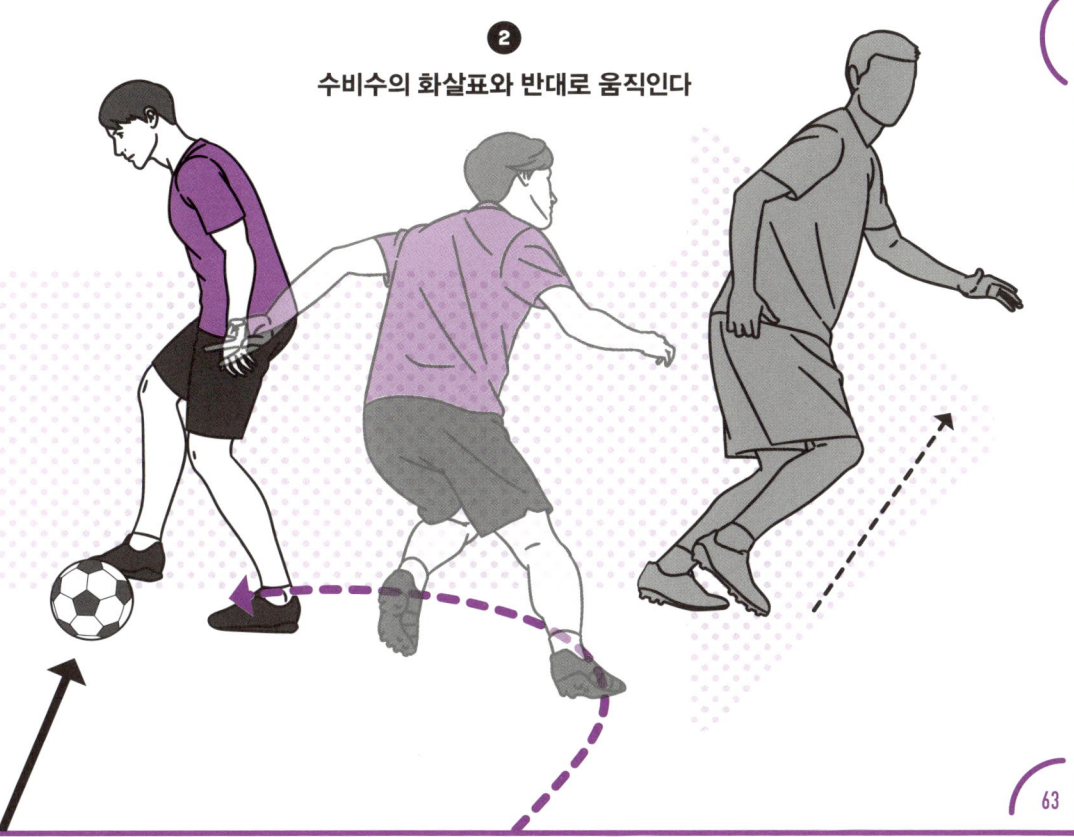

❷ 수비수의 화살표와 반대로 움직인다

'멈추게 하고 거리를 벌린다'와 '움직이게 하고 멈춘다'

가자마 '멈추게 하고 거리를 벌린다'와 '움직이게 하고 멈춘다'도 원리는 같습니다. **멈춘 순간에는 움직일 수 없고, 움직이는 도중에는 멈추지 못하지요.** 이론은 단순해서 방법은 무엇이든 상관이 없습니다만, 이론을 먼저 가르치면 의외로 몸에 익히기까지 시간이 걸리는 경우도 있습니다. 쓰쿠바 대학교에서는 움직임의 반복을 통해 전수했는데, 그랬더니 더 빠르게 배우더군요.

── 움직임의 반복이란 무엇인가요?

가자마 '수비수에게 다가갔다가 거리를 벌리기'만 시켰습니다. 처음에는 콘을 터치한 다음에 거리를 벌리면 그 위치에 맞춰서 패스하는 훈련을 했습니다. 그런 다음에

'떼어내기'의 훈련 방법
수비수에게 다가갔다가 거리를 벌린다

①
콘을 터치하고

RULE
- 콘을 세워 놓고, 콘을 터치한 뒤 거리를 벌리는 타이밍에 5미터 떨어진 선수에게 패스를 받는다. 그 타이밍을 기억했다면 콘을 수비수로 바꾸고, 수비수를 움직이게 한 다음 반대 방향으로 움직이거나 조금 거리를 벌리고 패스를 받는다

POINT
- 수비수는 멈춘 순간에는 움직이지 못하며, 움직이는 도중에는 멈추지 못한다
- 거리를 벌린 다음 스텝에 패스를 받을 수 있도록 패스하는 선수와 타이밍을 맞춘다

수비수를 투입했지요. 한 가지 움직임만 가르친 건데, 그렇게 했더니 점점 근처에 있는 상대를 볼 수 있게 되었고 여유도 가질 수 있었습니다. 사실 '상대의 한 걸음'을 의식시키면 되는 문제입니다만, 그쪽이 더 어려울 때도 있는 모양입니다(왼쪽 페이지의 훈련).

— '움직이게 하고 반대로 움직인다'는 이른바 풀-어웨이(Pull-away)인가요?

가자마 풀-어웨이보다 장소를 덜 사용합니다. 일반적으로는 수비수에게 접근한 뒤에 빠르게 거리를 벌리는 식으로 움직이는데, 그래서는 수비수로부터 도망치는 것밖에 안 됩니다. **수비수를 움직이게 하면 조**

❷
② **거리를 벌린다**
(그때 공이 온다)

금만 거리를 벌려도 되니까 장소가 거의 필요 없고 속도도 그렇게 빠를 필요가 없습니다. 풀-어웨이와 마찬가지로 상대로부터 거리를 벌리는 움직임이기는 하지만, 그것을 한 걸음만으로 하는 것이 '떼어내기'이지요.

— 좀 더 좁은 장소에서 '떼어내는' 것이 중요하군요.

가자마 장소가 좁아도 계속 "떼어내라."고 말합니다. 수비수의 눈에 보이지 않는 곳을 저희는 '사각지대'라고 부르는데, 그런 사각지대를 만들 수 있도록 계속 떼어냅니다. **'떼어내기'와 '받기'를 계속하면 센터백이 앞으로 나오지 못하게 하는 효과**도 있습니다. 주도권을 잡는 것은 매우 중요합니다. 하지만 공을 계속 소유하고 있는 것만으로는 주도권을 잡고 있다고 말할 수 없지요. 센터백을 공략할 기술이 있는지, 그 기술을 계속 구사하고 있는지에 달려 있는 겁니다.

그림 20 센터백을 움직이게 하면 역습당할 위험이 줄어든다

◯ 센터백을 움직이게 했다

센터백을 움직이게 만들면 설사 공을 빼앗기더라도 센터백이 뒤를 향하고 있어서 역습당할 위험이 줄어든다

— 센터백이 앞으로 나오지 못하게 되는 군요.

가자마 센터백을 움직이게 하면 설사 공을 빼앗기더라도 역습당하지는 않습니다. 센터백을 움직이게 하지 못한 상태에서 공을 빼앗기면 센터백이 그대로 전진해서 역습을 시도하지만, 센터백이 뒤를 향하도록 만들었다면 앞으로는 움직이지 못하기 때문에 역습으로 전환하기가 어려워지지요[그림 20]. **센터백을 움직이게 했느냐 그렇게 하지 못했느냐는 공격의 척도인 동시에 최고의 리스크 관리법**이기도 합니다.

POINT
수비수의 '사각지대'를 만들도록 떼어내기를 계속한다

✖ 센터백을 움직이게 하지 못했다

센터백을 움직이게 만들지 못하면 공을 빼앗겼을 때 역습당한다

LESSON 13
멈추게 하고 거리를 벌린다 / 움직이게 하고 멈춘다

패스를 받는 선수는 동료가 아니라 상대를 봐야 한다

— '멈추게 하고 거리를 벌린다'는 어떤 것인가요?

가자마 두 발을 가지런히 모으고 있으면 곧바로 움직이지는 못합니다. 그 상태를 만드는 것이 '멈추게 하기'이지요. **이쪽이 움직였다가 멈추면 수비수도 멈춥니다. 그 순간 재빨리 거리를 벌리면 자유로운 상태가 될 수 있지요.**

— 패스를 보내는 선수와 받는 선수가 눈을 맞추는 아이콘택트는 필요한가요?

가자마 눈을 맞출 필요는 없습니다. 오히려 '떼어내는' 움직임을 하고 있을 때 패스를 받을 선수가 봐야 할 대상은 동료가 아니라 상대입니다. 그리고 패스를 보낼 선수가 그 움직임을 눈치 채느냐가 중요하지요. 패스를 받을 선수가 좋은 움직임으로 상대를 떼어냈지만, 패스를 보낼 선수가 그 타이밍을 놓치는 경우는 종종 있습니다. 반대로 패스를 보내는 선수의 눈에는 떼어내기할 타이밍이 보이는데 받을 선수는 눈치 채지 못하는 경우도 있지요. 어떤 경우든 코치는 간과하지 말고 올바르게 플레이한 쪽을 칭찬해 줘야 합니다. 안 그러면 패스를 받을 선수가 '어차피 공이 안 올 텐데 뭐…'라고 생각해서 움직이지 않을 수 있습니다.

— 패스를 보낼 선수가 주위 상황을 전부 살펴보다 타이밍을 놓치는 경우도 있지 않을까요?

가자마 그런 경우도 있어서 무엇을 보느냐가 중요하지요. '상대가 공을 빼앗으러 오고 있는 것은 아닐까?'라며 다른 생각을 하는 경우도 있습니다. 그러면 상대로부터 멀어지거나 도망칠 생각을 하게 되지요. 그러면 안 됩니다. **공을 갖고 있다면 공격하자, 수비수를 공략하자는 마음가짐으로 전환해야 합니다.** 그러려면 먼저 상대의 골대 방향을 향해 '멈추도록' 합니다. 그러면 상대도 멈추니까 그 시간을 이용하는 거지요.

— '움직이게 하고 멈춘다'는 상대가 움직이면 자신만 멈추면 되는 것인가요?

| 그림21 | **움직이게 하고 멈춘다**

수비수와 같은 방향으로 움직이고 있는 경우, 멈추면 수비수와의 사이에 거리가 생긴다

수비수의 눈에 패스를 보낼 선수가 보이지 않는 상태라면 수비수의 등 뒤쪽으로 패스를 보낼 수 있다

가자마   그렇습니다. 수비수와 같은 방향으로 움직이고 있는 경우, 멈추면 수비수와 거리를 벌리게 됩니다[그림 21]. 나란히 달리고 있고 수비수의 눈에 패스를 보낼 선수가 보이지 않는 상태라면 그대로 수비수의 등 뒤쪽으로 공을 보내면 같은 방향으로 달리면서도 공을 받을 수 있습니다.

LESSON 14
'받기'의 파괴력

'받기'만으로도 상대는 저절로 무너진다

— '받기', '떼어내기'를 반복하는 가운데 패스를 보내는 선수도 여기에 가담해 일시적으로 자유로운 상태가 되어서 플러스 1의 수적 우위를 만드는 움직임을 계속하면 그것만으로도 수비가 저절로 무너질 것 같습니다.

가자마 정확히 보셨습니다. **어떤 의미에서는 '받기'만으로도 슛까지는 연결시킬 수 있지요.** 공격 전개가 막혔을 때 이외에는 '떼어내기'가 필요 없을지도 모릅니다. 실제로 바이어 레버쿠젠은 '받기'만으로도 잘해 내고 있지요.

— 레버쿠젠은 가자마 씨께서 과거에 몸담았던 클럽인데, 2023-24 시즌에는 유럽에서 연속 무패 기록을 세우고 분데스리가 첫 우승도 달성했지요. 굉장히 매끄럽게 패스를 연결하면서 어어 하는 사이에 골대 앞까지 도달하는 장면을 정말 많이 봤습니다.

가자마 사비 알론소는 축구의 본질을 파악하고 그것을 선수들에게 능숙하게 전달하는 감독입니다. '받기'를 빠르게 할 수 있다면 상대가 뭘 하든 거의 상관없습니다. 그때부터는 자신들의 질적 수준만이 문제가 되지요.

— '멈추기', '차기', '받기' 같은 것을 매끄럽게 할 수 있다면 상대가 개입하지 못하게 되니까 자신들과 공의 관계로 집약되는 거군요. 문자 그대로 주어가 자신들인 축구가 되는 거네요.

POINT
'받기'를 빠르게 할 수 있다면 상대는 거의 상관없다

CHAPTER 6

CHAPTER

'보기·안 보기'란 무엇인가?

머리를 많이 돌리며 주변을 살피는 것이
반드시 좋은 플레이라고 말할 수는 없다.
언제, 무엇을 볼 것인가?
언제, 무엇을 보지 않을 것인가?
'가장 짧고 가장 빠르게'를 의식하면서
무엇을 볼지 그 우선순위를 정하는 것이 중요하다.

언제 볼 것인가?

— '보기·안 보기'는 먼저 무엇을 볼 것인가, 그리고 무언가를 본다면 보지 못하는 부분이 생기니까 무엇을 보지 않을 것인가에 관한 것이겠군요. 무엇을 볼 것인가에 관해 이야기하기에 앞서, 언제 볼 것인가에 관해 가르쳐 주십시오.

가자마 **'공이 움직이고 있는 시간을 사용한다', '공이 오지 않는 시간을 사용한다'**입니다. 시간은 없는 것처럼 보여도 사실 넘쳐날 만큼 충분히 있습니다. 가령 공이 바운드되고 있다면 아직 패스가 오지 않는 거니까 그 사이에 필요한 정보를 입수하기 위해 주위를 '볼' 수 있지요. 동료에게서 동료에게로 롱패스가 가고 있다면 그 시간도 보기 위한 시간으로 활용할 수 있습니다[그림 22].

— "머리를 많이 돌려라."라는 말을 자주 듣습니다. 주위 상황을 스캔해서 정보를 입수하라는 의미겠지요….

가자마 딱히 머리를 많이 돌리지 않아도 된다고 생각합니다. 머리를 너무 자주 돌리면

그림 22 **언제 볼 것인가?**

← 공격 방향

눈도 핑핑 돌게 되지요(웃음). 물론 주위를 볼 필요는 있지만, 무엇을 봐야 할지 알고 있다면 모든 것을 볼 필요는 없습니다. 가령 메시를 봐도 그렇게까지 자주 주변을 살피지 않지요. **무엇을 보고 무엇을 공략할 것인가? 그 타깃을 명확히 하는 것이 중요합니다. 그렇게 하면 사방팔방을 전부 볼 필요가 없어요.** 공이 움직이고 있는 동안에는 공이 아니라 타깃을 봐 둔다거나, 타깃을 만들어 놓는 식으로 시작하면 된다고 생각합니다.

항상 상대의 센터백부터 봐 둔다

—— 제일 먼저 봐 둬야 할 타깃은 역시 팀의 에이스 스트라이커일까요?

가자마 뭐, 그것도 나쁘지는 않겠지요. 다만 저는 "먼저 상대 팀의 센터백부터 봐 두라."고 말합니다. 골키퍼를 제외하면 센터백이 골을 넣을 때의 마지막 장벽이니까요. 센터백을 공략할 수 있다면 득점에 가까워집니다.

—— 아직 J리그가 출범하기 전의 이야기입니다만, 얀마디젤(훗날의 감바 오사카)의 넬슨 요시무라와 가마모토 구니시게 콤비가 유명했지요. 넬슨은 거의 가마모토만 바라보는 느낌이었습니다. 가마모토에게 패스하는 것이 실제로 득점할 확률이 가장 높아서였다고 생각합니다. 타깃을 명확히 한다는 게 바로 그런 것이 아닌가 싶네요.

가자마 그곳으로 공을 확실히 보낼 수 있다면 득점할 확률이 높아서 그렇겠지요. **무엇을**

공이 바운드되고 있는 시간을 이용해서 '본다'

← 공격 방향

볼지 명확히 결정하는 것이 중요합니다. '무엇을 보고 무엇을 안 볼 것인가?', '언제 보고 언제 보지 않을 것인가?' 이 부분이 정리되어 있다면 여유가 생깁니다.

— '받기'의 시연을 봤을 때, 패스받는 선수도 공을 소유하고 있는 선수도 모두 봐야 할 대상이 '상대 팀 선수'였는데 패스받는 쪽 선수가 상당히 아슬아슬한 순간까지 공을 보지 않는 것에 조금 놀랐습니다. 상대가 움직이기 시작하는 모습을 확실히 본 다음에 상대로부터 거리를 벌렸는데, 그 타이밍에 이미 공이 와 있는 느낌이라 일반적인 감각과는 조금 다르다는 생각이 들었습니다.

가자마 공을 '받기' 전에 봐야 할 대상은 상대편이지요. 상대의 역방향으로 움직이면 상대로부터 그렇게 멀리 떨어지지 않아도 패스를 받을 수 있습니다. 기본적으로 넓은 공간은 필요하지 않아요. 물론 공을 소유하고 있는 동료가 공을 확실히 멈추고 그 타이밍을 공유할 수 있어야 한다는 것이 전제입니다. 하지만 패스를 보내는 선수와 받는 선수가 모두 같은 타깃을 보고 있기 때문에 타이밍을 맞출 수 있는 거지요.

POINT

패스를 보내는 선수와 받는 선수가 같은 타깃을 봄으로써 타이밍을 맞추자

공이 오지 않는 시간을 이용해서 '본다'

← 공격 방향

LESSON 16
가장 먼 곳부터 본다 / 가장 빠른 것부터 본다

볼 것의 우선순위를 결정한다

—— 앞에서 '항상 센터백부터 봐 놓는다'라는 이야기를 듣고 생각났는데, 가자마 씨께서 가와사키 프론탈레 감독으로 갓 취임하셨을 무렵 수비수가 공을 갖고 있을 때 "톱을 보라고!"하며 소리치셨던 기억이 떠올랐습니다.

가자마 그때는 아직 명확히 언어화하지 못했었는데, 그곳을 보면 전부 눈에 들어오니까 그렇게 말했었나 봅니다. 시선을 아래로 내려 버리면 보이지 않는 것이 많아지거든요. 가와사키에서도 처음에는 좀처럼 상대 팀 진영까지 들어가지 않았습니다. 후방에서 플레이했지요. **그때 자주 했던 말이 "상대가 많아 보이면 고개를 들어서 봐라."였습니다.** "그 뒤쪽은 텅텅 비어 있을 테니까."라고 말이지요.

—— '항상 센터백부터 봐 두는' 것은 상당히 어려워 보입니다만.

가자마 볼 것의 우선순위를 정해 놓으면 점점 보이게 됩니다.

—— 패스를 돌리는 사이에 보이지 않는 경우가 많습니다. 그러다 문득 봤더니 비어 있기도 하지요. 그런 습관을 들인다면 기회를 놓치지 않을지도 모르겠습니다.

가자마 보이는 사람과 보이지 않는 사람의 차이는 볼 것의 우선순위를 정해 놓았느냐 아니냐입니다. 경기를 뛰는 선수들은 전체를 한눈에 내려다볼 수 없기 때문에 봐야 할 것을 볼 수 있느냐 없느냐가 차이를 만들어내지요. **득점에 관여하는 선수, 골을 넣는 선수, 실점을 막는 선수. 결국 그런 선수가 좋은 선수로 평가받습니다. 그들이 그렇게 할 수 있는 이유는 무엇을 볼지 우선순위를 정해 놓았기 때문**입니다. 분명히 '항상 센터백부터 봐 놓는' 것은 모든 기술이 갖춰져 있지 않고서는 무리입니다. '멈추기', '차기', '운반하기', '받기', '떼어내기', '보기·안 보기'가 전부 연결되어 있어야 하지요. 그리고 그 기술들의 최종 타깃이 '센터백'인 것입니다. 이것을 이해하면 하나하나를 연결해 나감으로써 도달할 수 있다는 것도 알게 됩니다. 처음부터는 무리라 하더라도 하나하나 연결해 나가면 되지요.

'가장 짧고 가장 빠르게'의 선택지를 놓쳐서는 안 된다

— '가장 먼 곳부터 본다'는 주된 타깃이 센터백이라는 점에서 이해했습니다만, '가장 빠른 것부터 본다'는 어떤 의미인가요?

가자마   그건 시간의 문제입니다. 간단히 말하면, 원터치 패스로 보낼 수 있는 곳은 어디냐는 거지요. 가장 빠른 선택을 할 수 있도록 봐 둔다는 의미입니다.

— 원터치 패스가 타이밍상으로는 가장 빠르지요.

가자마   그리고 골대를 향해 최단 거리로 나아가기 위해 먼 곳부터 봅니다. 골대와의 사이에는 골키퍼가 있지만, 골키퍼는 거의 움직임이 없으니까 **센터백이 가장 먼 곳에 있는 봐야 할 대상**이 되지요.

— '가장 짧고 가장 빠르게'의 선택지를 먼저 머릿속에 그려 놓고, 그곳을 선택할 수 있다면 놓치는 일이 없도록 봐 두는 거군요.

가자마   그렇습니다. 그것이 선수들에게 자주 이야기하는 '가장 짧고 가장 빠르게'의 의미입니다.

축구 실력을 향상시키는 가자마 어록 7

"과거로 돌아가지 마라."

앞으로 나아가기를 두려워하면 '과거'에 잡아먹힌다. 앞으로 나아가는 것을 즐기면 '경험'이 뒤에서 밀어 준다. 뒤로 돌아가려고 한다면 '과거', 앞으로 나아가려고 한다면 '경험'이라고도 말할 수 있다. 사고 방식을 바꾸면 모든 것이 달라진다. 과거로 돌아가지 말고 경험의 도움을 받으며 앞으로 나아가자.

CHAPTER 8

초일류의 여섯 가지 기술 실천 사례

최정상급 선수들이 여섯 가지 기술을
실천한 플레이들을 소개한다.
기술이 뛰어난 것은 물론이고,
팀의 보는 눈이 일치했기에 가능한 플레이들이다.

LESSON 17
초일류의 '멈추기'

더 브라위너의 볼 컨트롤&슛

동료의 패스를 받은 케빈 더 브라위너는 왼발 원터치로 공을 정지시킨 뒤 그 상태에서 노 스텝으로 오른 발을 간결하게 휘둘러 슛을 했다. 수비수가 다가올 틈을 주지 않고 슛을 한 것이다. 즉시 찰 수 있는 장소에 공을 정확히 정지시켰기에 가장 빠른 타이밍에 찰 수 있었다. 만약 조금이라도 스텝을 다시 밟아야 했다면 수비수는 슛을 블로킹했을 것이다. 공을 자신의 위치에 정지시키는 것이 '가장 빠른' 플레이로 이어진 사례다.

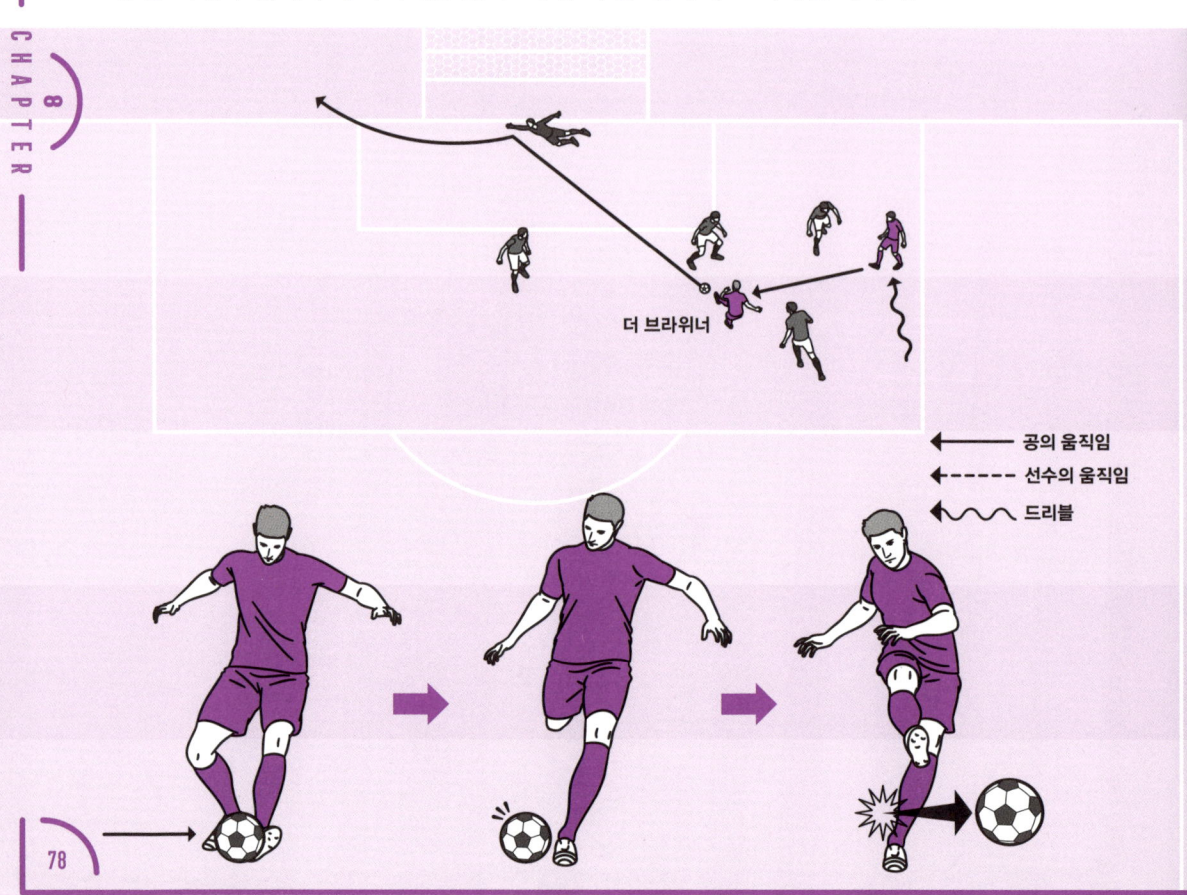

초일류의 '차기'

메시의 점을 연결하는 패스

메시가 수비수 머리 위로 넘어가는 패스를 하고, 패스를 받은 동료가 발리슛으로 골을 넣었다. 메시는 수비수의 머리가 닿지 않는 아슬아슬한 '점'을 통과하는 코스로 공을 찼다. 수비수는 뒷걸음질치다가 달리는 타이밍이 늦어져 낙하지점에 늦게 도착했고, 메시의 동료가 아슬아슬하게 낙하지점에 먼저 도착해 슛을 했다. 수비수의 등 뒤 공간이 아니라 수비수가 건드리지 못하는 머리 위의 '점'을 순간적으로 찾아낸 것이다.

LESSON 19
초일류의 '운반하기'

메시의 최단 거리로 운반한 뒤의 패스

이니에스타에게서 패스를 받은 메시는 왼쪽 대각선으로 드리블한 뒤 좌측 측면의 동료에게 패스했으며, 그 후 동료의 패스를 받아서 골을 넣었다. 포인트는 왼쪽 측면에서 달려 나가는 동료(A)에게 패스하기 위해 가장 짧은 거리로 공을 운반한 것이다. 메시가 패스를 받은 시점에 전방의 좌측 측면에 있었던 동료(B)가 후방을 가리키며 자유로운 상태인 동료가 올라오고 있음을 메시에게 알렸다. 메시의 전방에는 상대 선수가 세 명 있었는데, 메시는 그중 누구와도 접촉하지 않았다. 그리고 아무도 막을 수 없는 코스로 공을 운반해 상대를 끌어들인 다음 왼쪽으로 정확한 타이밍에 패스했다.

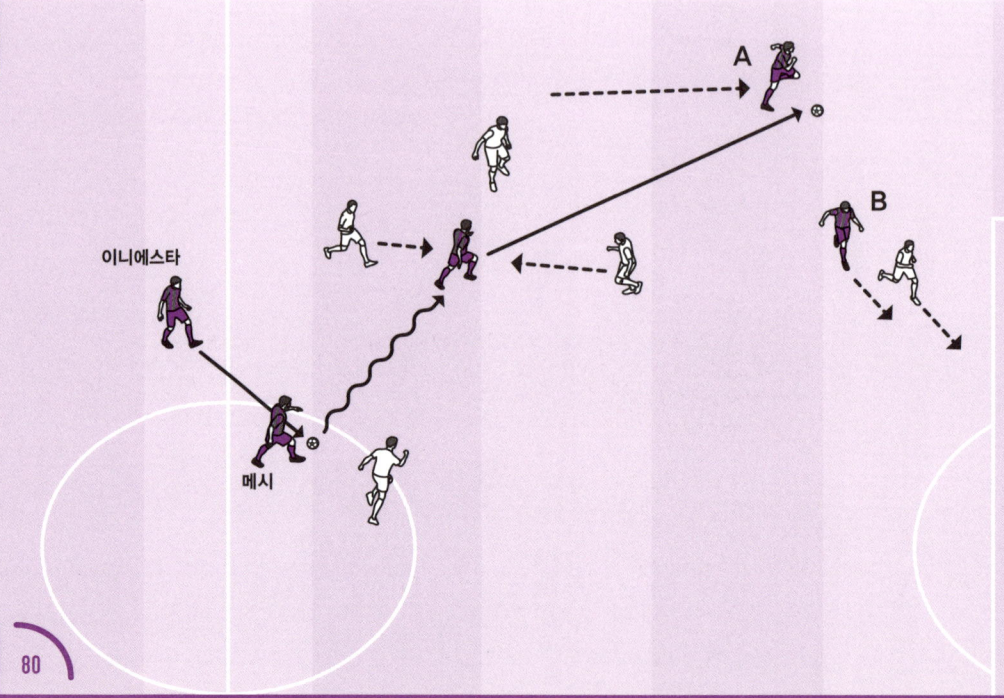

LESSON 20
초일류의 '받기'

끊임없이 서로를 연결한 메시와 다니 알베스

우측 측면에서 공을 소유하고 있던 메시가 다니 알베스에게 패스한다. 메시는 즉시 다니 알베스에게 '다가가는' 움직임을 통해 패스 라인을 연결한다. 다니 알베스의 패스를 받은 메시가 잠시 드리블하는 사이 다니 알베스는 수비수의 정면에서 위치를 이동해 메시와의 패스 라인을 연결한다.

상대 선수 두 명이 다니 알베스를 향해 움직이자 다니 알베스는 메시에게 패스한다. 메시는 빠르게 드리블하며 페널티 에어리어까지 공을 운반한다. 그 사이에 다니 알베스도 함께 달려서 페널티 박스 안으로 들어간다. 마지막에는 메시가 다니 알베스와의 원투 패스로 돌파해 골을 넣었다. 메시와 다니 알베스는 서로 움직이면서 끊임없이 패스 라인을 만들었고, 두 선수의 이런 패스워크가 득점을 만들어냈다.

LESSON 21
초일류의 '떼어내기'

페드로의 멈추고 거리를 벌리기

우측 측면에 있던 페드로는 세로 방향으로 달리다 일단 정지한다. 그리고 페드로를 마크하는 수비수도 후퇴하면서 정지하자 그 타이밍에 다시 수비수의 등 뒤로 달려 나가서 차비의 패스를 받아 골키퍼와 1 대 1 상황을 만듦으로써 골을 넣었다. 수비수를 움직이게 한 다음 정지시키고, 나아가 수비수로부터 멀어지는 움직임을 통해 패스를 유도했다.

LESSON 22
초일류의 '보기·안 보기'

더 브라위너의 '보는' 우선순위

케빈 더 브라위너는 공을 받기 전에 주위 상황을 세 번 확인했다. 첫 번째는 공을 소유한 동료가 방향을 바깥쪽으로 전환한 순간이다. 공이 움직일 것으로 예상되는 우측 측면 상

황을 확인했다. 두 번째는 측면의 동료에게 패스된 공이 구르는 동안이다. 이때 등 뒤의 센터백을 봤다. 그리고 세 번째는 우측 측면의 동료가 공을 멈춘 순간이다. 이때 자신의 등 뒤를 확인했다. 더 브라위너는 이 세 번의 '보기'를 통해 다음 플레이를 결정했다. 그리고 패스를 받자 왼쪽 대각선으로 드리블하면서 슛을 했다. '보는' 타이밍의 첫 번째는 아직 패스가 오지 않은 순간, 두 번째는 공이 선수를 떠나 구르는 도중, 세 번째는 동료에게서 자신에게 패스가 오기 직전이다. '보는' 대상은 전부 달라서, 첫 번째는 공이 이동할 것으로 예상되는 외곽을 봤고, 두 번째는 상대 팀의 센터백을 봤으며, 세 번째는 골대와 자신이 나아갈 코스 사이 공간에 누가 올지를 봤다. 언제 주위를 '보고', 언제 공을 '볼' 것인가? 반대로 말하면 언제 주위를 '안 보고', 언제 공을 '안 볼' 것인가? 나아가 주위의 어디를 '보고' 어디를 '안 볼' 것인가? 최종적으로 패스를 받았을 때, 더 브라위너는 드리블할 코스와 슛을 할 지점을 결정한 상태였다.

축구 실력을 향상시키는 가자마 어록 8

"강가의 돌멩이가 되지 마라."

현대 축구는 비슷한 선수들로 가득하다는 느낌을 받는다. 누군가가 정한 이상적인 선수상이나 평균 수준이 높은 선수에 가까워지기 위해 모난 부분이 깎여 나가면서 점점 개성을 잃는 느낌이다. 그러나 아무도 하지 못하는 플레이를 보여줄 수 있어야 진정한 프로라고 할 수 있다. 부디 강물의 흐름에 둥글둥글해진 강가의 돌멩이가 되지 않도록 자신과 충분히 대화를 나눴으면 한다.

스페셜 대담

CHAPTER 9

모리야스 하지메(일본 대표팀 감독) × 가자마 야히로

세계를 제패하기 위해 필요한 기술과 전략

J리그 초창기에 산프레체 히로시마에서
같이 뛰었던 가자마 야히로와 모리야스 하지메.
한 명은 세계적으로 통할 만한 진정한 기술론을 전파하는 지도자가 되었고,
다른 한 명은 월드컵을 목표로 일본 대표팀을 이끄는 지휘관이 되었다.
세계의 축구 수준을 피부로 느끼고 있는 두 사람은
월드컵에서 우승하기 위한 여정을 어떻게 보고 있을까?

세계적으로도 보기 드문 대표팀 만들기

── 모리야스 감독님께 묻고 싶습니다. 국가대표팀은 강화 훈련 일정이 한정되어 있고, 경기 며칠 전에 집합했다가 경기가 끝나면 즉시 해산하기 때문에 제대로 된 훈련을 할 기회가 상당히 제한적입니다. 또 선수는 저마다 다른 클럽에 소속되어 있는 경우가 대부분이라서 팀워크를 다지는 것도 쉬운 일은 아닐 겁니다. 사정이 그러한데 감독님은 어떤 기준으로 선수를 선발하고 팀워크를 다지고 계신가요?

모리야스 크게 보면 '1 대 1에서 이길 수 있는 선수'를 모으고 있다고 할 수 있습니다. 그리고 그 선수들에게 조직의 일원으로 뛰겠다는 마음가짐이 있는지를 기본적인 기준으로 삼고 있습니다.

── 각기 다른 클럽에서 뛰는 선수들을 모아서 어떻게 통일된 분위기를 만들어 가고 계신 건가요?

모리야스 먼저 콘셉트를 제시합니다. 그리고 기본적으로 공수의 우선순위를 정하되 선수의 특징도 보면서 강점을 살려 나갑니다. 공수에서 첫 번째 우선순위로 삼은 플레이를 할 수 있다면 좋겠지만, 상대와의 실력 차이나 경기 흐름에 따라 다음 순위의 플레이로 이행해야 하는 경우도 생기니까, 그런 것들을 원활히 수행할 수 있도록 공유합니다. 다만 평소에 그런 훈련을 할 수 있는 것은 아니라서 선수들 각자가 소속팀에서 어떤 전술 아래 어떤 역할을 부여받아서 플레이하고 있는지, 전부 시찰하는 건 불가능해서 플레이 영상 등을 확인하며 퍼즐을 맞춰 나가듯이 팀을 만들고 있습니다.

모리야스 하지메 Hajime Moriyasu

1968년 8월 23일에 시즈오카 현에서 태어나, 나가사키 현에서 성장했다. 나가사키 니치다이 고등학교를 졸업하고 1987년에 마쓰다 축구 클럽에 입단했으며, 92년부터는 가자마 야히로 씨와 함께 산프레체 히로시마의 중심 선수로 활약해 94년의 산토리 시리즈 우승에 공헌했다. 그 후 교토 퍼플 상가(98년), 히로시마(99~01년), 베갈타 센다이(02~03)에서 뛰었다. 일본 국가대표로는 35경기에 출장했으며, 93년의 '도하의 비극'도 경험했다. 04년에 히로시마의 육성 코치, 02년에 U-19, 20 일본 대표팀 코치(겸임), 07~09년에 히로시마의 톱팀 코치, 10~11년에 알비렉스 니가타의 헤드코치를 역임했다. 12~17년에 히로시마를 지휘해 세 번째 J1 리그 우승을 달성했다. 17년에 도쿄 올림픽을 목표로 한 U-24 국가대표팀 감독, 18년에 러시아 월드컵의 일본 대표팀 코치를 맡은 뒤 18년에 일본 대표팀 감독으로 취임했다. 22년의 카타르 월드컵에서는 독일과 스페인을 격파하고 16강 진출이라는 성적을 남겼다.

가자마 　콘셉트가 완전히 다른 팀에서 뛰고 있는 선수도 있을 텐데, 어렵지 않나요?

모리야스 　어렵지요. 어떤 능력을 갖췄다는 건 국가대표 활동만 봐도 잘 알고 있지만, 각자의 팀에서 발휘하고 있는 능력을 대표팀에서도 그대로 발휘할 수 있으리란 보장은 없으니까요. 뛰고 있는 리그도 다양하지요. 그래서 한 가지 기준만으로 선발할 수도 없습니다. 26명을 모았다면 26가지 전술로 플레이해 왔다고 생각하는 편이 낫기 때문에, 대표팀에 오면 먼저 정해진 콘셉트를 확인하고 마인드를 그에 맞추도록 유도하는 수밖에 없습니다. 소속팀과는 전술도 다르고 주변 선수도 다르니까, 그 부분은 대표팀에 맞추게 하지요. 다만 한편으로는 선수들의 경험도 활용하면서, 대표팀에 이익이 되는 게 있다면 채택하고 있습니다.

— 　아시안컵 8강전에서 이란에 패했습니다. 후반전에는 패스가 연결되지 않아서 줄곧 수세에 몰렸었지요. 아마도 콘셉트대로 진행된 경기는 아니었던 것 같은데, 왜 그런 일이 벌어진 것일까요?

모리야스 　그 경기에서 가장 좋지 않았다고 생각하는 부분은 '과거의 대표팀'으로 돌아가 버린 것이었습니다. 과거의 대표팀은 상대가 러프하게 롱볼을 차면서 공격하면 수비에서 공격으로 연결하지 못하고 수비하는 데 급급했지요. 다만 최근에는 그런 모습이 사라져서, 상대가 러프하게 롱볼을 차 넣으며 공격하더라도 피지컬 승부에서도 밀리지 않고 힘을 발휘할 수 있었습니다. 그랬는데 그 경기에서 다시 과거로 돌아가 버린 것은 전술을 포함해 저에게 책임이 있다고 생각해서 크게 반성하고 있습니다.

가자마 야히로 Yahiro Kazama

1961년 10월 16일에 시즈오카 현에서 태어났다. 시미즈 상업 고등학교 시절에 일본 청소년 대표로서 1979년 월드 유스 챔피언십(현재의 U-20 월드컵)에 참가했으며, 쓰쿠바 대학교 시절에는 일본 국가대표로 선발되었다. 졸업 후에는 독일의 레버쿠젠과 렘샤이트 등에서 5년 동안 뛴 뒤 1989년에 마쓰다(현재의 산프레체 히로시마)에 입단해, J리그에서 일본인 선수로서 제1호 골을 기록했다. 1997년에 은퇴한 뒤로는 도인요코하마 대학교 축구부, 쓰쿠바 대학교 축구부, 가와사키 프론탈레, 나고야 그램퍼스의 감독을 역임했다. 축구 교실 '트라움 트레이닝'의 대표를 역임하는 등, 독자적인 기술론과 방법론으로 축구 선수들의 실력을 향상시키는 능력을 높게 평가받고 있다. 현재는 세레소 오사카 아카데미의 기술 위원장, 난카쓰 SC의 테크니컬 디렉터를 맡고 있다.

가자마 거리(간격)가 바뀌는 바람에 게임이 어려워졌지요.

모리야스 맞습니다.

가자마 수비하느라 거리가 바뀌었기 때문에 그것을 되돌리려면 공을 소유해야 했어요. 공을 소유해서 다시 자신들의 거리로 돌아가면 됐을 텐데, 공을 소유하지 못하는 바람에 계속 상대의 거리로 플레이해야 했지요. 상대의 거리인 상태에서 플레이하니까 공이 연결되지 않아서 상대에게 기세를 넘겨주고 말았던 겁니다. 조금만 더 공을 소유하면서 자신들의 거리로 되돌렸다면 상대가 롱볼로 공격하더라도 전혀 문제없었을 겁니다. 하지만 선수들이 따로 놀았기 때문에 공이 잘 연결되지 않았어요.

모리야스 후반전에 수세에 몰렸을 때, 미토마(가오루)와 미나미노를 투입했습니다. 그 선수들이 좋은 거리감으로 (수비로) 돌아와 공을 빼앗으면 패스 코스를 만들어 패스해 주면서 공수에 관여하게 할 의도였는데, 그 부분이 애매해져 버렸습니다. 미드필더가 공을 잡더라도 거리가 멀었지요. 선수로부터 어떻게 할지 분명히 지시해 달라는 목소리도 나왔습니다. 그 점은 제 실수입니다.

가자마 국가대표 선수들이고 능력도 있으니까 자신들의 힘으로 바꿔 나갈 수 있을 거라 생각합니다. 뭐, 앞으로 그런 식으로 플레이하는 상대도 늘어날 테니까 그때 선수들이 상황을 바로잡을 수 있을지가 중요하겠지요. 상대 진영에 들어가 버리면 해결되는 문제이니까요.

— 가자마 씨는 이란의 압박이 "전혀 강하지 않았다."고 말씀하셨지요.

가자마 맞아요. 강하지 않았습니다. 간단히 말하면, 선수 모두가 패스를 받을 수 있는 코스에 있으면 됐는데, 수비만 하고 끝나 버렸기 때문에 공이 연결되지 않았어요. 선수들의 능력은

산프레체 히로시마의 초대 주장을 맡았던 가자마 씨는 1993년에 J리그의 일본인 제1호 골을 기록했다. 그때 가장 먼저 달려와서 가자마 씨를 얼싸안았던 선수가 등번호 7번의 모리야스 씨였다.

뛰어나니까 공이 연결되기 시작했다면 문제없었을 겁니다.

모리야스 가령 가자마 씨가 니시베 씨(대담 진행자)에게 말씀하신 것처럼 '공이 움직였을 때 나는 어떻게 할 것인가?' 그것을 예측하고 행동하는 속도를 더 빠르게 해야겠다고 생각했습니다. 월드컵을 고려한다면 이란을 상대로도 수비를 떼어낼 수 있어야 하니까요.

가자마 하지만 훈련을 할 수 없으니까 어렵지요. 이란전이 끝난 뒤에 곧바로 훈련을 할 수 있었다면 좋았겠지만, 한동안 경기가 없어서 소집할 일이 없었으니 말입니다.

─ 이란전에 관해서는 가자마 씨와 "누가 기준이었을까?"라는 이야기도 나눴습니다. 가령 모리야스 감독님께서 지금 말씀하셨듯이, 기준이 명확하다면 패스가 세 번 정도 연결된 시점에 패스를 받는 선수가 문제인지 보내는 선수가 문제인지 금방 알 수 있다는 이야기였지요.

모리야스 그 점은 저도 벽에 부딪혔다고 생각한 부분이기도 합니다. 누구를 기준으로 삼아야 한다거나 찰떡 호흡을 가진 팀을 만든다는 측면에서는 교체를 최소한으로 하고 정해진 선수들로만 계속 경기를 해야 팀의 완성도가 높아질 겁니다. 하지만 조금 더 미래를 생각한다면 선수를 로테이션하면서 레벨업하는 데 도전해야 하지요. 폭을 넓히면서 정점을 높여 나가는 겁니다. 멤버를 어느 정도 고정해서 완성도를 높이는 것과 로테이션을 돌려서 층을 두껍게 만들면서 이길 수 있도록 만드는 것 중 어느 쪽이 더 나을까 하는 갈등은 있습니다.

─ 팀을 고정시켜서 완성도를 높이는 한편 폭이 넓고 두꺼운 층을 만드는 것이 바람직하겠지요. 어떤 의미에서는 모순된 주제네요.

모리야스 모순이지만, 그게 현실이지요(웃음). 일본은 굳이 따지자면 다른 나라 대표팀과

MORIYASU

> 멤버를 어느 정도 고정해서 완성도를 높이는 것과 로테이션을 돌려서 층을 두껍게 만들면서 이길 수 있도록 만드는 것 중 어느 쪽이 더 나을까 하는 갈등은 있습니다

는 다른 강화 방식을 채택하고 있습니다. 대부분의 나라는 거의 대표팀 멤버를 고정시켜 놓지요.

가자마 상당히 많은 선수를 기용해 오지 않았나요? 불러 놓고 전혀 쓰지 않은 경우는 거의 없는 것으로 압니다.

모리야스 네.

가자마 그렇게 많은 선수를 용케도 잘 활용하는구나 생각했지요. 하지만 결국은 톱 팀으로 가야 합니다. 팀을 두 개 만들어도 각 팀의 속도가 다르다면 선수층은 두꺼워지지 않거든요. 이건 클럽 팀도 마찬가지입니다. 모리야스 감독이 봤을 때 '서로의 속도가 일치한다'라고 느끼는 선수가 아마도 스무 명 가까이는 있을 겁니다. 그 정도만 있어도 충분한 숫자이기는 하지만, 조금 더 많았으면 좋겠지요? 그렇다면 새로운 선수도 스타팅 멤버에 넣어서 팀에 맞추고 싶어지니까, 참 어려운 문제지요.

모리야스 선수 중에는 계속 출장시켜 달라고 생각하는 사람도 있을지 모르지만, 어쨌든 모두와 이야기 나누면서 하고 있습니다.

― 주력 선수라고 해도 갑자기 부상당할지도 모르고, 미래는 알 수 없으니까요.

모리야스 카타르 월드컵 예선 때도 주력 선수 중에 부상자가 나왔습니다. 물론 핵심 멤버를 만들어 놓고 그중 누군가가 빠지면 '다음 선수가 뛰는 수밖에 없지'라고 생각할 수도 있다고 봅니다. 하지만 누가 대신 뛰더라도 팀으로서는 무너지지 않는 편이 대표팀으로 보나 일본 축구 전체로 보나 낫겠지요. 어쨌거나 많은 사람이 국가대표를 경험함으로써 발전으로 이어지지 않을까 생각합니다.

지금 대표팀의 강점은 선수 교체를 할 수 있는 포지션이 꽤 많다는 점입니다. 5인 교체는 대표팀으로서는 무조건 호재입니다

KAZAMA

월드컵에서 우승할 수 있다

가자마 지금 대표팀의 강점은 선수 교체를 할 수 있는 포지션이 꽤 많다는 점입니다. 5인 교체는 대표팀으로서는 무조건 호재입니다.

— 게다가 상당히 평준화되어 있습니다.

가자마 맞습니다. A급으로 평준화되어 있지요. 절대적인 선수는 없지만 수준은 높습니다.

— 월드컵은 기회입니다. 다만 우승을 노린다고 생각했을 때는 절대적인 선수가 필요할지도 모르겠습니다. 예를 들면 홀란드라든가 메시 같은 선수가 나타났을 때, 어떻게 팀을 하나로 만드느냐에 관해서 또 다른 과제가 생길 것 같습니다만.

모리야스 일본의 육성 시스템도 더욱 발전시켜야겠지요. 이미 국내외에 그 정도 수준의 선수들이 있습니다. 나아가 야구의 오타니 쇼헤이 같은 선수가 축구계에도 등장할지 모르지요.

— 현재의 대표팀은 높은 수준에서 평준화되어 있습니다. 하지만 강력한 선수가 한 명 들어오면 현재의 통일감은 아마도 무너지겠지요. 그러면 더 높은 수준에서 평준화시켜서 다음 단계로 진화한다는 구상인가요?

가자마 그건 클럽 팀에서나 가능할 겁니다. 가령 독일 대표팀은 부족한 포지션이 몇 곳 있지요. 득점을 올릴 선수가 없습니다. 분데스리가의 선발팀이라면 강하겠지만, 모든 것을 다 갖춘 국가대표팀은 거의 없습니다. 그래서 5인 교체를 할 수 있는 팀도 적지요. 반면에 저희 대표팀은 다섯 명을 바꿀 수 있습니다. 수비에서는 몸을 부딪히지만 공격에서는 부딪히지 않습니다. 그만큼 빠르다는 뜻이지요. 이 부분을 더 추구해 나가면 더욱 재미있는 팀이 되지 않을까요? 중앙에서 플레이하는 선수가 나오면 다른 전술을 짤 수 있게 되겠지요. 현재는 소속팀의 중앙에서 플레이하는 선수가 엔도 와

히로시마의 중원에서 가자마 씨와 콤비를 이루는 일이 많았던 모리야스 감독. 정확한 기술과 전술적 시야, 특출한 하드워크로 대표팀에서도 활약했다

타루뿐이니까요. 측면에서 활동하는 선수가 상당히 많다는 점은 강점입니다만.

— 특출한 선수가 나온다면 팀의 구성이 달라질까요?

모리야스 승리하기 위한 선택이니까, 메시 같은 선수가 나와서 매 경기 2득점에 관여해 준다면 그 선수에게 맞춰야겠지요. 다만 공수 양면에서 팀으로서 어느 정도의 수준에 오르지 못하면 특출한 선수가 있더라도 승리할 수 없다는 점은 변함없습니다. 언론에서는 메시를 활용하기 위한 전술을 요구할지도 모르고 메시(같은 선수)는 존경받겠지만, 만약 득점에 관여하지 못한다면 뺄 겁니다. 그 부분은 타협하지 않을 거라 생각합니다.

— 어떤 팀이 월드컵에서 우승한다고 생각하시나요?

가자마 퍼즐의 시대에서 그라운드 크기의 시대로 바뀌었습니다. 무슨 말인가 하면, 속도의 차이지요. 얼마나 빠르게 축구를 할 수 있느냐가 승패를 좌우합니다. 측면으로 공을 전개하면 장소는 생기겠지만 굉장히 느려지지요. 그래서는 좀처럼 앞으로 나아가지 못합니다. 가급적 시간을 사용하지 않기 위한 그라운드 크기, 상대를 능가하기 위한 그라운드 크기가 필요하지요. 그러려면 정확한 기술을 얼마나 연속적으로 구사할 수 있느냐가 중요합니다. 그것이 플레이의 속도를 좌우하니까요. 그것이 가능하다면 대표팀은 우승할 수 있다고 생각합니다.

— 퍼즐이라는 것은 포지셔닝 변화를 통해 일시적으로 위치적 우위나 수적 우위를 만드는 방식인가요?

가자마 축구는 11대 11의 경기이기 때문에 근본적으로 퍼즐처럼 이렇게 옮기면 여기가 어긋나고 하는 경우는 없습니다. 하지만 그것을 중시해 온 시기가 있었지요. 그런데 그런 퍼즐 맞추기가 의미 없어지면 어떻게 될까요? 바이어 레버쿠젠이 그런 것

MORIYASU

> 메시(같은 선수)는 존경받겠지만, 만약 득점에 관여하지 못한다면 뺄 겁니다. 그 부분은 타협하지 않을 거라 생각합니다

처럼 단순한 속도 싸움이 되어 버립니다. 패스 코스를 빠르게, 앞을 향해서 만드는 싸움이 되지요. 레알 마드리드도 앞쪽에 빠른 선수를 배치하고 그대로 골대를 향해 나아가는 속도의 경기를 구사합니다. 자신들의 그라운드 크기와 시간을 만들면 그것을 통해 상대와의 차이가 만들어집니다. 대표팀은 5인 교체를 할 수 있는 선수가 있으니까 어떻게 하느냐에 따라 상당히 재미있는 축구를 할 수도 있고, 우승도 가능하다고 생각합니다.

대표팀에 필요한 낡고 새로운 기술

— 가자마 씨께서 "정확한 기술을 얼마나 연속적으로 구사할 수 있느냐가 중요하다."라는 말씀을 하셨는데, 현재 대표팀의 기술은 세계적으로 봤을 때 어떤 수준일까요?

모리야스 높은 수준이라고 생각합니다. 골대를 향해 세로로 빠르게 움직이는 능력은 다들 높은 수준입니다. 유럽에서 뛰고 있는 선수들은 특히 그렇습니다. 공을 빼앗은 순간의 움직임이 빠르고, 공을 유지하면서 골대를 향해 나아가기 위한 기술도 있지요. 공을 소유하고 있든 그렇지 않든 골을 넣기 위한 우선순위를 판단해서 플레이하는 기술은 상당히 높습니다. 우선순위의 제1순위를 실행할 수 없을 경우에는 공을 유지하면서 상대의 압박을 떼어내야 하는데, 현실적으로는 그 시점에 신체 접촉이 발생하기 쉬우니까 속도를 한층 높여서 떼어내는 동시에 몸싸움 기술도 높여 나갈 필요가 있습니다. 콤팩트하게 플레이하기, 공을 연결할 수 있는 곳은 어떤 지역인지 찾아내기, 패스 연결을 더 매끄럽게 함으로써 상대가 싫어하게 만들기, 그런 것들을 하는 가운데 공격에서 공이 움직이고 있을 때 받을 수 있도

KAZAMA

> 대표팀은 5인 교체를 할 수 있는 선수가 있으니까 어떻게 하느냐에 따라 상당히 재미있는 축구를 할 수도 있고, 우승도 가능하다고 생각합니다

록 상대보다 한발 빠르게 움직일 수 있도록 예측하기, 더 정확하게 공을 다루기, 접촉이 있을 때는 어떻게 기술을 발휘할까? 등을 고민하며 노력하고 있습니다.

가자마 문제는 중앙에서 플레이할 선수로군요. 측면에서 시간을 만드는 축구는 가능하지만, 중앙에서 몸의 접촉을 허용하지 않는 선수도 만들려고 하면 만들 수 있습니다. 그렇게 하면 측면의 선수도 페널티 에어리어와 가까운 곳에서 공을 받을 수 있으니까 더욱 굉장한 공격진이 될 겁니다.

모리야스 완전히 흐름을 읽히고 있네요(웃음). 사실 아시안컵에서는 중앙에서 직선적으로 공격하려고 했습니다. 측면에는 좋은 선수가 많아서, 단독 돌파도 가능하고 콤비 플레이도 가능합니다. 그런 측면의 강점을 활용해서 결과를 내 왔지요. 그래서 이번에는 중앙에서부터 공격함으로써 중앙과 측면의 강점을 로테이션할 수 있으면 좋겠다고 생각했습니다. 지금 그런 생각을 꿰뚫어 본 것 같은 이야기를 해서 움찔했네요.

— 모리야스 감독님은 "대응력"이라는 말을 종종 사용하시는데, 그건 무엇을 가리키는 말인가요?

모리야스 어떤 축구를 하고 싶은가에 대한 이상적인 모델은 있습니다. 가령 공격이라면 빠르게 공격하는 것입니다. 동시에 공을 유지하면서 점유율도 높이고 싶고요. 그런 이상은 있지만, 상대가 강하면 그런 이상을 실현하기가 어렵습니다. 이상과 다를 때 현실적으로 무엇이 가능한가? 그것이 대응력이고, 그런 능력이 반드시 필요하다고 생각합니다. 실제로 카타르 월드컵에서는 독일과 스페인에 승리했지만, 저희의 볼 점유율은 30퍼센트 정도였습니다. 저희가 70퍼센트를 지배하면서 공을 컨트롤할 수 있다면 좋겠지만 단번에 그렇게 바뀔 리는 없지요. 30퍼센트를 35퍼센

MORIYASU

> 이상은 있지만, 상대가 강하면 그런 이상을 실현하기가 어렵습니다. 이상과 다를 때 현실적으로 무엇이 가능한가? 그것이 대응력이고, 그런 능력이 반드시 필요하다고 생각합니다

트로 높이려는 시도는 하겠습니다만.

— 30퍼센트라도 퀄리티만 좋다면….

가자마 옛날부터 변하지 않는 것이 있다면, 그것은 어느 쪽이 시간을 컨트롤하느냐입니다. 상대가 빠르다면 느려지게 만드는 겁니다. 느려지게 만들어서 자신들의 시간으로 경기할 수 있다면 '상대가 공을 소유하도록 허락하는' 것이 되지요. 반대로 자신들의 빠른 공격에 상대를 끌어들였다면 이쪽이 시간을 컨트롤하고 있는 셈입니다. 그렇게 시간을 컨트롤할 수 있는 선수가 있다면 경기 운영이 편해진다고 생각합니다.

— 시간을 컨트롤할 수 있다는 것은 어떤 의미인가요?

가자마 간단히 말하면, 앞으로 나오지 못하게 하면 상대는 느려집니다. 반대로 자신들이 앞으로 나아갈 수 있다면 상대가 몇 명이 수비를 하든 시간은 반드시 빨라지지요. 자신들이 어떤 속도로 축구를 하는 것이 이상적이냐에 따라 그라운드 크기도 결정되고 선수의 질도 달라집니다. 그리고 선수가 움직이는 시간도 달라지지요. 그런 시간 조정이 가능하냐는 것입니다. 상대가 공격하고 있더라도 앞으로 나오지 못하게 하면 시간이 느려집니다. 하지만 상대가 계속 움직여서 뒤를 향하면서 대응하게 된다면 더는 자신들의 시간이 아니라 상대의 시간이 되는 겁니다. 어느 쪽의 시간으로 플레이하고 있느냐에 따라 누가 경기를 지배하고 있는지가 결정되는 겁니다. 클럽 팀은 매일 훈련을 하고 있어서 시간 컨트롤이 가능합니다. 하지만 짧은 시간밖에 훈련할 틈이 없는 대표팀은 어렵지요. 선수들의 수준은 높지만요. 굉장히 빠른 상대에 맞서서 그들의 시간으로 플레이하려면 그에 걸맞은 기술이 필요해집니다. 하지만 시간이 느려지면, 그 시간에 맞게 플레이할 수 있을

KAZAMA

> 옛날부터 변하지 않는 것이 있다면, 그것은 어느 쪽이 시간을 컨트롤하느냐입니다. 상대가 빠르다면 느려지게 만듭니다. 느려지게 만들어서 자신들의 시간으로 경기할 수 있다면 '상대가 공을 소유하도록 허락한' 것이 되지요

지도 모릅니다. 다시 말해 시간을 멈추면 승리할 수 있지요. 한편으로는 시간을 멈추지 않고 이길 수도 있습니다. 그것은 상대와 대치하면서 결정되는 거라서 그때그때의 대응력과 적응력이 중요합니다.

매뉴얼화되는 유럽에서 뛰는 선수들을 지도하는 방법

— 상대가 후방을 세 명으로 돌리고 있을 때, 압박이 제대로 들어갈 때와 그렇지 못할 때가 있습니다. 가령 상대 팀 세 명 중 두 명에게 2톱이 붙고, 나머지 한 명은 사이드하프가 마크하고, 압박에서 벗어난 상대를 사이드백이 '점프'해서 마크하는 식의 압박이 되고 있을 때와 되지 않을 때가 있는데, 그건 어째서인가요?

모리야스 다음에 선수단 미팅할 때 와 주십시오(웃음). 그런 것도 상당히 열심히 훈련하고 있습니다. 하지만 상대가 바뀌면 똑같이 되지 않을 때가 있지요.

가자마 지금 말씀하신 건 하나의 현상에 불과합니다. 팀을 만들고 있는 사람은 그것 외에도 원인이 있다는 걸 알고 있지요. 많은 사람이 말하듯이 이것만 고치면 된다는 건 없습니다. 하나의 국면을 잘라내서 누구의 어떤 플레이가 잘못되었기 때문에 이렇게 되었다는 식으로는 보지 않습니다. 좀 더 전체적으로 바라보지요.

모리야스 압박이 제대로 들어가지 않은 것에 관해 말하자면, "내가 분명히 말했잖아."가 통용되지 않는 세계라서 선수가 구현하지 못했다면 '전해지지 않았거나', '전하지 못한' 것과 같습니다. 그런 부분에도 대응할 수 있도록 해야 한다고 생각합니다. 다만 궁극의 해결법은 갖고 있는데, 그것은 전부 1 대 1로 만드는 것입니다.

— 월드컵에서는 그랬지요.

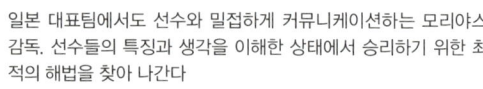

일본 대표팀에서도 선수와 밀접하게 커뮤니케이션하는 모리야스 감독. 선수들의 특징과 생각을 이해한 상태에서 승리하기 위한 최적의 해법을 찾아 나간다

모리야스 특히 아시안컵에서 압박이 제대로 들어가지 않은 경기가 있었다고 생각합니다. 사실 1대 1로 만드는 것을 게을리한 겁니다. 아시안컵에서는 해결법보다 저희가 하고 싶은 것을 했습니다. 공을 소유하는 시간은 틀림없이 길어질 테니까, 공격을 시도할 시간이 많았습니다. 미팅에서 공수에 관해 전부 이야기할 수는 없기 때문에 공격에 관한 이야기를 우선했습니다. 그렇다 보니 어떤 부분이 제대로 되지 않고 있는지 충분히 전하지 못했던 것은 있었다고 생각합니다.

— 어떻게 압박해야 하는지 모른다고는 생각하지 않습니다. 가령 UAE에서 개최된 아시안컵 결승(대 카타르전)의 전반전에서는 카타르의 빌드업에 대해 혼란이 있었습니다. 그때 감독님은 경기 후의 기자 회견에서 "일단 물러난 뒤에 대응해도 좋았을 것"이라고 이야기하셨기 때문에 그때는 '답이 있었는데 왜 하지 않았을까?' 하는 생각을 했습니다.

모리야스 그때 이야기를 하면, 현상적으로는 6번(앵커 포지션)에게 연결되는 것을 허용한 것이 문제였습니다. 누가 가야 할지 알지 못했지요. 다만 3백이냐 4백이냐의 차이는 있어도 6번을 압박하는 방법에 관해서는 이란과의 준결승전에서 이미 확인했었습니다. 그래서 머릿속에 입력되어 있을 거라 생각해서 결승전에는 딱히 그 이야기를 하지 않았습니다. 선수들도 지쳐 있었기 때문에, 너무 몰아붙이면 경기력에 영향을 끼칠 것 같다는 생각도 있었습니다. 그래서 회복에 좀 더 주력했지요. 그랬더니 결승전도 같은 형태였는데….

— 잊어버렸다?

모리야스 잊어버렸다기보다, 그런 어려움은 있었습니다. 이란전과 똑같은 대응으로 해결할 수 있었겠지만, 제 생각에 문제는 오히려 공격에 있었습니다. 대인 수비를 하지 않

"내가 분명히 말했잖아."가 통용되지 않는 세계라서 선수가 구현하지 못했다면 '전해지지 않았거나', '전하지 못한' 것과 같습니다

는다면 이쪽이 공격하면 그곳이 강점이 되니까 공격에 비중을 뒀는데, 이것이 전반전에는 작동하지 않았습니다.

가자마 지금의 일본 선수들은 전술에 관한 지식이 많지요. 그래서 자신들을 중심으로 생각해도 되는데 '상대가 이렇게 나오니까…'라고 생각하는 경향이 있어요. 의외로 지식이 방해가 되는 경우도 있지요.

모리야스 정해진 곳에 있으면 공이 연결되는가 하면 그렇지는 않습니다. 상대와의 줄다리기를 통해서 거리를 좁혀야 할지, 벌려야 할지, 아니면 배후로 들어가야 할지 등(의 판단)이 달라지지요. 공을 가진 선수에 따라서도, 상대의 위치에 따라서도 달라지기 마련입니다. 그저 '그곳'에 있으면 공을 받을 수 있다는 식으로 생각하면 다음 해결법이 없어지는 거지요.

— 선수가 평소에 뛰고 있는 클럽과도 관계가 있지 않을까요? 모리타(히데마사)의 스포르팅, 미토마의 브라이튼, 도미야스(다케히로)의 아스날 등은 유럽에서도 시스템적인 축구를 하는 클럽이니까요.

모리야스 (엔도) 와타루가 있는 리버풀에는 모하메드 살라가 있고 버질 반 다이크가 있지만, 대표팀은 그런 멤버들이 아니지요. 주위에 괴물들이 있다면 자신이 맡고 있는 역할과의 균형이 또 달라집니다. 그 부분은 대표팀에 맞춰야 하고, 이해해 줘야 합니다. 그런 것들이 많지요.

— 리버풀이라면 필드의 절반에서 홀란드와 반 다이크가 1대 1이 되어도 어떻게든 될지 모르겠습니다만, 대표팀은 그런 전제로는 경기를 할 수 없지요.

모리야스 이상은 있지만 절충은 필요합니다. 물론 이상을 좇지 않으면 실현도 할 수 없지만, 반면에 지금 선수들로 개개인과 팀의 힘을 최대한 발휘하는 것 또한 중요하지

KAZAMA

> 지금의 일본 선수들은 전술에 관한 지식이 많지요. 그래서 자신들을 중심으로 생각해도 되는데 '상대가 이렇게 나오니까…'라고 생각하는 경향이 있어요. 의외로 지식이 방해가 되는 경우도 있지요

요. 그 균형을 잡는 것이 필요합니다.

가자마 유럽의 강호 클럽에서 뛰고 있는 선수들이 모이면, 여러 가지 지식도 모이게 됩니다. 이런 건 대표팀도 처음일 거예요. 감독으로서는 어려운 부분도 있을 수밖에 없다고 생각합니다.

── 스포르팅이나 브라이튼에서는 이렇게 했다든가, 그런 이야기가 나오기도 하나요?

모리야스 물론입니다. 제가 물어보기도 하지요. 배치라든가 사고방식이라든가…. 그대로 도입할 수 있을지 어떨지는 둘째 치고, 머릿속에 입력해서 전술의 폭을 넓힐 수 있고 자극도 됩니다. 어떻게 정리할지는 어려운 문제입니다만(웃음).

가자마 각기 다른 팀에서 뛰고 있는 선수들을 나흘 만에 하나로 모으는 건 어려운 일입니다. 다들 대표팀에 맞추려고 생각은 하지만, 생각하고 있는 기준이 자신의 소속팀 중심이 되어 버렸으니까요.

모리야스 가자마 씨가 말씀하신 '눈'은 다들 갖고 있다고 생각합니다. 기반이 되는 콘셉트만 입력할 수 있다면 그것을 제대로 활용할 수 있을 겁니다. 다만 각자(소속팀)의 기반이 다르기 때문에 눈이 활용되지 않거나, 톱니바퀴가 맞물리지 않는 일이 때때로 일어납니다. 앞에서 이야기했던 압박이 제대로 안 된다든가, 패스가 연결되지 않는다든가…. 이야기가 조금 샛길로 빠지는 건지도 모르겠습니다만, 지금은 유럽이 일본보다 더 매뉴얼화되어 있어서 이렇게 하라고 지시받은 대로 움직이는 경향이 있습니다.

가자마 독일은 예전부터 그랬습니다. 감독이 시키는 대로 했는데 지면 감독 책임, 시키는 대로 하지 못하면 선수 책임, 그런 것이 근본에 자리하고 있었지요. 안 그러면 선

MORIYASU

(엔도) 와타루가 있는 리버풀에는 모하메드 살라가 있고 버질 반 다이크가 있지만, 대표팀은 그런 멤버들이 아니지요. 주위에 괴물들이 있다면 자신이 맡고 있는 역할과의 균형이 또 달라집니다

수들이 감독 말을 안 들으니까요.

― 그렇게 구속하지 않으면 멋대로 하기 시작하지요.

가자마 그런데 최근에는 브라질 선수들도 그렇게 교육받고 있어요. 브라질 사람이니까 강하게 말하지 않으면 안 될 것 같아서 그렇게 했는데 풀이 죽어 버리더군요(웃음). 아, 이젠 옛날에 생각했던 브라질 선수가 아니구나 하는 생각이 든다니까요.

모리야스 가자마 씨는 제가 본 최초의 '외국인 같은 일본인'이었습니다. '이렇게 강한 사람이 진짜로 있구나'라고 생각했었지요. 지금은 그런 의미에서 일본인 선수도 외국인처럼 되었기 때문에, 기반은 존중하면서도 "나머지는 우리가 알아서 판단하겠습니다."라는 측면이 있습니다. 그래서 규칙을 좀 더 명확히 해야겠다고 생각하고 있습니다.

"좋은 수비 이후의 좋은 공격"의 정의

― 감독님은 "좋은 수비 이후의 좋은 공격"이라는 말씀을 종종 하십니다. 이것을 팀의 근간이라고 생각해도 될까요?

모리야스 스페인의 볼 점유율은 70퍼센트, 일본은 30퍼센트라는 건 잊어서는 안 될 현실이라고 생각합니다. 조직력으로 무너트리고 싶지만, 그 전에 수비에서 무너져 버리면 하고 싶은 것도 할 수 없게 되지요. 선수끼리의 간격이 멀어진다면 피지컬 괴물들을 상대로 1대 1에서 이기기도 어렵습니다. 콤팩트하게 플레이하면서 공간을 한정해 공을 빼앗고 공격으로 연결해 나가야 한다는 걸 잊어서는 안 됩니다. 그런 의미에서의 '좋은 수비 이후의 좋은 공격'이지요.

가자마 대표팀의 수비 위치는 변하고 있습니다. 거의 자기 진영에서 축구를 하던 것에서,

MORIYASU

'2050년까지 우승한다'라는 목표를 내걸고 있지만, 지금부터 우승을 목표로 싸우는 것이 중요하다고 생각합니다

절반 정도는 상대 진영으로 들어가게 되었지요. 그렇게 되면 센터백의 정의도 달라집니다. 스피드가 필요해지니까요. 대표팀이 진화하면서 이전과는 다른 과제도 생겨나는 것입니다. 자신들의 시간과 플레이 범위가 늘어나면 그것은 그것대로 새로운 과제도 생겨나는 거지요.

— 월드컵에서 꾸준히 4강에 갈 정도가 되려면 앞에서 이야기했던 30퍼센트를 70퍼센트로 만드는 수준의 변화가 필요하지 않을까 싶습니다.

가자마 그건 자연스럽게 그렇게 되어 갈 겁니다. 실제로 지금도 예전과는 많이 달라졌으니까요.

모리야스 자연스럽게 그렇게 된다는 말이 딱 맞는 게, 우승을 목표로 삼지 않으면 현재 대표팀이 어느 정도 위치에 있고 그 위치에서 어떻게 해야 할지를 그때그때 생각해야 합니다. '2050년까지 우승한다'라는 목표를 내걸고 있지만, 지금부터 우승을 목표로 싸우는 것이 중요하다고 생각합니다. 물론 프랑스나 과거의 브라질처럼 당연하다는 듯이 승리하는 팀이 되려면 아직은 더 힘을 키워야 하겠지요. 하지만 크로아티아와 승부차기까지 갔을 때 그렇게 못할 것도 없다고 느꼈습니다. 다만 그룹 스테이지의 세 경기를 치르는 것만으로도 코칭 스태프는 상당히 지치게 되더군요. 우승을 하려면 여덟 경기를 해야 하는데, 그때 100퍼센트를 발휘할 수 있는 시스템을 만들어야지요. 가령 8강을 목표로 삼고 거기에 맞춰서 준비한다면 목표를 달성하더라도 그다음은 새롭게 준비해야 합니다. 그러지 말고 처음부터 우승을 목표로 삼고 온갖 것들을 시도해야 한다고 생각하고 있습니다.

예정했던 시간을 넘기면서 긴 대화를 나눈 두 사람. 세계 무대에서 승리하기 위한 기술, 전략, 매니지먼트에 관한 이야기를 끝없이 나눴다

후기

그라운드 크기의 시대로

가자마 야히로 씨의 '멈추기·차기'로 시작된 시리즈의 이번 메인 테마는 '받기'이지만, '멈추기', '차기', '운반하기', '받기', '떼어내기', '보기·안 보기'의 여섯 가지 기술은 서로 연결되어 있다. 또한 그 이론도 더욱 세련되어졌다.

모리야스 하지메 일본 대표팀 감독과의 대담에서 인상적이었던 것은 "퍼즐의 시대에서 그라운드 크기의 시대로"라는 가자마 씨의 발언이었다. 여기에서 '퍼즐'은 포지셔널 플레이로 상징되는, 빌드업할 때의 포지셔닝 변화를 가리킨다. 일시적으로 위치적 우위나 수적 우위를 만들어내는 것인데, 가자마 씨는 "옛날부터 그런 것은 존재하지 않았다."라고 말한다. 필드 플레이어 10명을 맨투맨으로 마크하면 포지셔닝 변화로도 특별한 우위를 만들어낼 수 없기 때문이다. 공격 측은 11대 10의 수적 우위라면 만들어낼 수 있다. 수비 측 골키퍼가 공격 측의 포워드를 마크하지 않는 한 11대 11이 될 수 없기 때문인데, 그렇더라도 현 시점에서는 그렇게까지 큰 우위를 만들어내지 못하고 있다. 그렇다면 선수 숫자가 같다는 조건하에서 어떻게 상대보다 우위에 서느냐가 초점이 될 것이다.

그래서 가자마 씨가 중시하는 것이 '시간'이다. 플레이 하나하나의 정밀도를 갈고닦아 플레이 속도를 최대한 빠르게 한다는 구상이다. 이는 단순히 속도가 빨라지는 것이기도 하지만, 군더더기 없는 플레이로 계속 주도권을 잡아 상대에게 대응할 시간을 주지 않음으로써 상대적으로 빨라진다는 노림수로도 보인다. 그런 빠른 공격이 가능해진다면 아마도 현재의 필드를 전부 사용할 필요는 없을 것이다. 그것이 '그라운드 크기의 시대'가 의미하는 바가 아닐까? 이는 필드를 5등분하는 포지셔널 플레이와는 다른 발상이다.

여섯 가지 기술은 이를 현실화시키기 위한 것이다. 더 빠르게 플레이하고, 여기에 최적의 플레이 지역을 자신들이 설정하는 것. 가자마 씨의 정의는 '받기' 기술만 봐도 기존과는 수준이 달라서, 여섯 가지 기술이 전부 갖춰진다면 지금까지는 없었던 감각의 새로운 축구가 출현하지 않을까 하는 생각이 든다.

니시베 겐지(구성)

SOCCER UKERU HAKOBU KAIBOUZUKAN
© YAHIRO KAZAMA 2024
Originally published in Japan in 2024 by X-Knowledge Co., Ltd.
Korean translation rights arranged through AMO Agency KOREA

이 책의 한국어판 저작권은 AMO 에이전시를 통해 저작권자와 독점 계약한 한스미디어에 있습니다.
저작권법에 의해 한국 내에서 보호를 받는 저작물이므로 무단 전재와 무단 복제를 금합니다.

구성	니시베 겐지西部謙司
북 디자인	카노 사토코狩野聡子(tri)
일러스트레이션	우치야마 히로타카内山弘隆
촬영 협력	트라움 트레이닝 코치(야마다 다이지山田大嗣, 카토 미오加藤澪, 코스기 아유타카小杉歩嵩)
편집 협력	마츠오카 켄사부로松岡健三郎
편집	모리 테츠야森哲也(X-Knowledge)

축구, 받고 전진하는 절대 기술

1판 1쇄 인쇄	2025년 4월 22일
1판 1쇄 발행	2025년 4월 29일
지은이	가자마 야히로
옮긴이	이지호
감수	조세민
펴낸이	김기옥
실용본부장	박재성
마케터	서지운
지원	고광현, 김형식
디자인	푸른나무디자인
인쇄·제본	민언프린텍
펴낸곳	한스미디어(한즈미디어(주))
주소	121-839 서울시 마포구 양화로 11길 13(서교동, 강원빌딩 5층)
전화	02-707-0337
팩스	02-707-0198
홈페이지	www.hansmedia.com
출판신고번호	제 313-2003-227호
신고일자	2003년 6월 25일
ISBN	979-11-94777-04-5 13690

책값은 뒤표지에 있습니다.
잘못 만들어진 책은 구입하신 서점에서 교환해 드립니다.